往復書簡

学校を語りなおす

「学び、遊び、逸れていく」ために

伊藤 哲司　山崎 一希

往復書簡・学校を語りなおす＊もくじ

Session 0 いかに「学び、遊び、逸れていく」か
実践のためのアイディアを探る

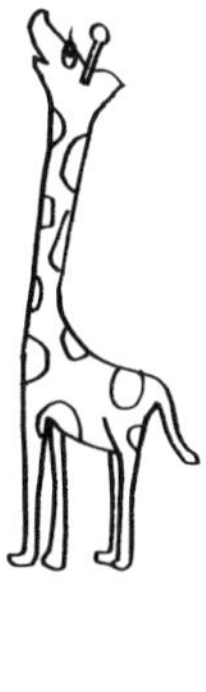

Session 1 まずは「学校を疑ってみる」——学校観の脱構築をめざして

Session 2　学校において「つながる」ということ
——もし学校に「カフェ」があったら

Session 3 子どもと大人の「心と身体」を語りなおす

「心のノート」をめぐる問題

Session 4 フィクションとしての「学校」
学校にとらわれず、学校という場でどう生きるか

写真　伊藤哲司
イラスト　山崎一希
装幀・装画　ゴロゥ

Session0

いかに「学び、遊び、逸れていく」か

——実践のためのアイディアを探る

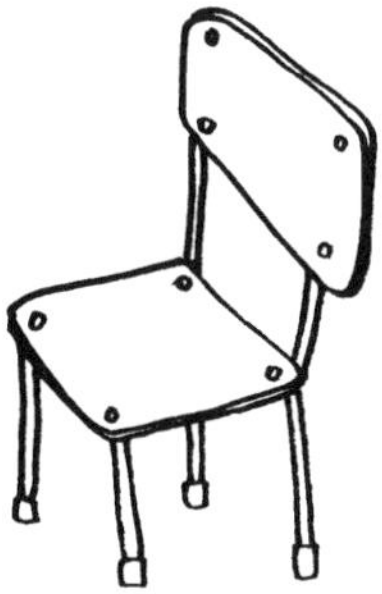

「学校」というどうしようもなく存在する枠組みの中で、いかに「学び、遊び、逸れていく」か――伊藤哲司

山崎さん

山崎さんと知りあったのは、ラジオ番組の仕事を通してでした。最初に受けた依頼は、山崎さんが勤めるラジオ局（茨城放送）で「人はなぜＵＦＯを見るのか」についてのコメントをしてほしいというものでした。現在は社会心理学者としてベトナム等のフィールドワークを主に行っている私も、かつては「非科学的なものに人はなぜ惹かれるのか」といったテーマで若干の調査研究をしていたことがあったので、今になってＵＦＯとは奇抜なテーマでやや面食らったということはあったのですが、何とかお引き受けできるだろうという返事をしました。その後山崎さんは茨城大学の私の研究室を訪ねてこられ、私は求められるままにコメントを話し、それを山崎さんは録音して持ち帰りましたね。結局そのコメントは放送されないままボツになってしまったようですが、それは今となってはどうでもいいことです。私が山崎さんと話をして印象深かったのは、非常に発想が豊かで、その場面場面に応じた的確な言葉を即座に返して

くるということでした。

「学校」に風穴を開ける試み

その後、また別番組で協力することがあり、山崎さんとは幾度か話をする機会がありました。そして、私がかかわっているエスペーロ会という集い――広く若者の問題に関心を抱くNPO法人関係者や新聞記者、家庭裁判所の調査官、大学院生などが参加する月一回の集い――にお誘いし、山崎さん自身にも発表をしてもらいました。そのときの話題提供のテーマが「学校を語りなおす」でしたね。私が理解した範囲で言えば、山崎さんは、「学校」そのものを覆そうとかそういった革命的なことをしようというのではなく、「学校」というどうしようもなく存在する枠組みの中で、しかしそこに埋没してしまうことなく、いかに「学び、遊び、逸れていく」かということを主張されていました。それはまさに私自身も、小学生のころから、中学生・高校生・大学生・大学院生を経て、大学教員となっている現在に至るまで――自分でも驚くのですが、幼稚園時代から数えれば、すでに私は約四〇年、人生の大半の時間を「学校」の中で過ごしているということになります――、ずっとそれとは明確には気づかないまま心のどこかで思い続け、可能なところでささやかに実践しようとしてきたことでもありました。

今回、このような往復書簡という形で山崎さんと本を書きたいと提案したのは私のほうですが、そうしたいと強く思ったのは、山崎さんの発想や考え方と接触することによって、私自身がたどってきた「学校」の中での諸々の考えや実践をあらためて位置づけなおし、そこからまた何か新たなアイディアや実践を生み出すことができるのではないかと考えたからです。と同時にそれは、私や山崎さんにとって意味があるというだけでなく、「学校」の中でストレスを溜め込んで過ごしているのかもしれない教師や学生・生徒たち、あるいは保護者などという立場でやはり「学校」にかかわっている多くの人にとっても、何か活路を見出せるような、「学校」という一種の閉塞状況に風穴を開けるような、そんなものを生み出せるかもしれないとも思いました。

もっともこの往復書簡が、どんな形で展開していくのか、私自身にもまだ十分見えません。私はこれまで何冊か本を書いてきましたが、一人で書くにしても分担執筆をするにしても、目次構成を最初に考え、書きながら若干の変更を加えることはあったとしても、当初の構想からそんなに大きくは逸れないように書いていくものです。そうでなければ普通は出版社だって困るでしょう。どのような内容の本になるのか見通しが立っていないのでは、常に営業上のリスクを伴う出版企画として取り上げてもらうこと自体が難しいわけです。今回は幸いなことに、私と同世代の編集者である新曜社の田中由美子さんが、拙著をいくつか読んで共感してくださり、「学校を語りなおす」というテーマで山崎さんと往復書簡を交わして原稿を作っていくということを、企画として受け入れてくださいました。出版事情が厳しい折、大変ありがたいことだと思っています。

ところで山崎さんは、「支配的学校観と子どもたちの学校経験――『学校観の脱構築』をめざして」（ネット上でも公開されていて、http://www.acivi.jp/graduate/index.html で読むことができます）という魅力的なテーマで書かれた卒業論文を、二〇〇五年度に慶應義塾大学に提出されていますね。エスペーロ会での発表も、このときの卒業研究をベースにされていたわけですが、案外難解な文章の中で、山崎さんは、「子どもたちの学校観と学校経験という課題に、メディア研究と教育社会学という2方向から」分析をされています。そして現代の日本社会において、イヴァン・イリイチの『脱学校の社会』についての論考などを引きながら、「学校」のみならず「社会」もが「学校化」し、またメディアが子どもたちにとっての「学校観」を再生産している現実を指摘し、そこから脱却していくための「学校観の脱構築」の重要性を指摘されました。もちろんそれが容易になされうるわけではなく、それにさまざまな困難――たとえば、学校的な規律からの「卒業」、「誰にも縛られたくない」というメッセージを強烈に発した尾崎豊に共鳴するファンたちが尾崎豊的価値観に縛られていくこと――が伴うことも、同時に指摘されているように、それはなかなか大変なことでもあると私も思います。それに、山崎さんの卒業論文では、ご自身で指摘されているように、その具体的な実践のためのアイディアは、まだ十分には示されていないようです。

山崎さんにはぜひ、卒業研究での論点をわかりやすく整理し提示していただくとともに、私との往復書簡の中で、そのような実践的なアイディアを見出し明示していっていただければと思います。それが私にとってのみならず、本書を手にしてくれたすべての学校関係者――学校にかかわったことがないという人が皆無に近いことを考えれば、すべての人が学校関係者とも言えます――に、魅力的な題材を提供するものになるだろうと思います。

ご存じのとおり日本では、二〇〇四年に国立大学が法人化され、私の身分も国家公務員（教官）から、私の希望とは無関係に、法人の一職員（教員）に替わりました。国立大学法人化にはいろいろな評価があります。数年たった現在、私の実感を一言で言えば、大学がますます「学校化」したということに尽きます。授業のシラバス（授業概要）は、学生との契約のための文書とされ、半期一五コマ分にそれぞれ何をやるかを明記せねばならなくなりました。授業の休講はなお許容されても、休講したらその分の補講を必ずやらねばならなくなりました。成績評価の基準はシラバスに明記することになり、学生の請求によって成績評価の開示をせねばならなくもなりました。学生から授業評価を受けることになり、それを気にしないでは授業を展開できないようになりました。教員評価も試行的に始まっており、それが処遇（給与等）に反映されていくのも、もはや時間の問題です。「教官」から「教員」へ、「官」から「民」へと替わったことにともなって、自由度が増したという側面がゼロではありませんが、かえって文科省の支配をより強く受けるようになっています。それも、文科省に何かを明示的に指示されてというよりも、「お上の意向を察して動く」という、私たちの自発的適応とでも言うべき優等生的行動を、実質的には強いられることによってです。それこそが、国立大学法人化の狙いだったのではないかと思いたくなってしまうほどです。

●ささやかな抵抗をめざして

つまり私自身が、そうしたまさに「学校化」の推進役の一人として職務を遂行させられている存在でもあります。でも、だからといって大学を覆してしまえとは思わないし、文科省の役人たちの「賢さ」に「敬服」しつつも、その中にもリベラルに発想しようとしている人がいるのかもしれないと思いを馳せ、また自分もこの中で埋没してしまわないよう、ささやかに抵抗し何かをしようとしているつもりです。そして、実際にそれができるだろうとも思っています。

「学校を語りなおす」——魅力的なテーマです。これ自体に込めた山崎さんの声を、あらためて聞かせてください。私も、型破りの先生がいた小学校時代のこと、非行少年たちが徘徊していた中学校時代のこと、苦しい勉強を楽しい遊びに変換したいと思っていた高校時代のことなど、そしていま大学教員として、私以上に「学校化」されている学生たちを脱構築したいと考えていることなど、書きたいことがいろいろとありますが、山崎さんの書簡を待ち受けて、それらを言葉に変換して、徐々に紡ぎだしていきたいと思います。

（二〇〇八年七月二七日）

「何しにきたの？」ベトナム、フエ郊外にて

学校にいる子どもたちが、いかに学校を語りなおすことができるか、そこに鍵があるように感じます――山崎一希

伊藤先生

こんにちは。自分がこんな形で本を書くことになるなんて、思いもよりませんでした。そうです、伊藤先生との出会いのきっかけは「ＵＦＯ」でした。といっても、僕はＵＦＯの存在が科学的に証明できるかどうかを知りたかったわけではありません。先生のおっしゃるとおり、「なぜ人はＵＦＯを見るのか」、もっと言うなら人がＵＦＯというものに何を見出そうとするのかが知りたかったのです。そのときのインタビューは放送せずに「お蔵入り」してしまいましたが、そこで学んだことがあります。それは、人は類型化を求めたがるということ（そのときは「血液型占い」の話も伺いましたね）、大きな物語への疑いは容易でないこと（理科系の人のほうがけっこうオカルトを信じていたりする、という話もありました）、そしてＵＦＯは「彼がＵＦＯを見た」という情報によって存在しているということです。

さて、そうして伊藤先生との交流は始まりました。こういうことがなければ、卒業論文を再

び引っ張り出すことなんてなく、それこそ「お蔵入り」になっていたかもしれません。大学を卒業してから二年半が経ち、僕は今「ラジオ局ディレクター」という、学校教育と直接関係のない仕事に就いています。

●教員採用をめぐる贈収賄事件

この手紙を書いている現在、学校教育に関するもっともホットなトピックといえば、大分県の教員採用をめぐる贈収賄事件です。事件は連日大きく報じられ、その中には子どもが担任の教師に「先生もお金払ったの？」と訊ねたという、そんなやりとりを伝える記事までありました（時事通信、二〇〇八年七月一八日）。

「先生もお金払ったの？」――そう教師に聞く子どものことに、ちょっと思いを馳せてみましょう。贈収賄の事実はどうであれ、この子どもにとって目の前の教師は「お金を払ったかもしれない先生」になってしまったのです。僕は決して、子どもたちが教師たちに抱いていた信用が裏切られた、なんてことを言いたいのではありません。事態はそんな単純には片づきません。日々の営みを通して築かれ、子どもたちの学校経験を支える「学校観」（学校とはどんなものか、という漠然たるイメージ）や「教師観」に、無視できないレンズがまたひとつ加わったと思うのです。

そんなことを考えると、学校教育とは直接無関係な職場ではあっても「マスコミ」という仕事にかかわっている自分が、涼しい顔をしていられるはずがありません。むしろ、「学校観の脱構築」実践に対して僕も何かしらのチャンネルをもっている、と自覚しなおすべきなのでしょう。伊藤先生がおっしゃるように、この往復書簡を通して実践の具体的なアイディアを少しでも見出すことができれば、学生だった自分と社会人としての今の自分との間に、アクションと実感を伴ったつながりを取り戻せるかもしれません。

「レンズ」のことに話を戻しましょう。子どもたちの学校観や教師観の「レンズ」となる情報は生活の中にたくさん存在しています。大分の事件に象徴されるような学校報道（多くは「学校」がネガティブに語られている）、『3年B組金八先生』や『ごくせん』『女王の教室』といったテレビドラマや漫画、学校をパロディ化したバラエティ番組、あるいは「お父さん・お母さんのころの学校はね……」といった親世代の語りも含まれるでしょう。こうした学校外で接触する情報と毎日の学校経験とが子どもたちの中で複雑に絡み合いながら、学校観は日々形作られていきます。

ただ、僕はもうちょっと穿《うが》った見方をしているんです。さきほど「複雑に絡み合いながら」という書き方をしましたが、思うに子どもたちの学校観形成においては、リアルな学校経験よりも学校外の情報のほうがより大きな影響を及ぼしているのではないかと。さらに悲観的な言い方をすると、子どもたちの「学校経験」そのものが学校外の情報に強力に引っ張られるのではないか、という見方です。

「ゆとり教育」で育った子どもたち

僕がこういう推測をした背景には、ひとつのきっかけがあります。それは二〇〇五年四月にニュースになった、茨城県内のある中学校での出来事です。

中山成彬《なりあき》文部科学大臣（当時）が学校を訪れ、生徒たちと意見のやりとりをする「スクールミーティング」のひとこま。当時の報道によると、生徒たちは中山文科相に対し、「教科内容が見直されることで（ゆとり世代の）僕たちの代だけ上や下の学年に劣ることになるので心配」「学校は勉強する所なのに、総合的な学習の時間のせいで、学校外で勉強するなど逆転現象が起きている」などと発言したそうです（二〇〇五年四月二一日共同通信、同二二日毎日新聞）。「ゆとり教育」の導入で学力低下論争が湧きあがっていた時期――文科相は生徒たちに対して「皆さんには申し訳ないと思う」と「謝罪」したとのことです。

実はこの学校は僕の母校でもあったので、後輩たちの言葉にはずいぶん興味をもちました。はたして、彼らはどれだけのリアリティをもってこのような発言をしているのだろう、と。上の学年に劣ることをどうしようもなく「心配」したり、「勉強する所」であるはずの学校で「総合的な学習の時間」に疑問をもったり……そうした苦悩や懸念を普段の学校生活の中でどれだけ感じていたのでしょうか。残念ながら僕は、これらの言葉に対して彼らの当事者性をあまり感じません。まるでテレビのコメンテーター、評論家の言葉のように聞こえます。ある問題が解決できない、という実感的・経験的な「僕の」学力低下はどこかに置いたまま、「彼らの」学力低下を叫ぶ世論に共鳴してしまう——というより、「彼らの」学力低下＝「私の」学力低下という等式に疑問をもたない生徒たちの姿が見えてきます。

こうした見方について、いろんなフィールドで取材をされ、そして普段から学生と接している伊藤先生はどのように感じますか？　あるフィールドの意味、枠組みを強く規定するイメージがある場合、それによって複雑な現実が引きずられて単純化されたり、実際には存在する異質なものが隠されたりすることは、よくあることなのでしょうか？

もしもこの見方がある程度現実に当てはまるものだとしたら、学校での日々の教育実践はかなりしんどいだろうな、と思うんですね。子どもたちは、いわば主に学校外の情報に内面化された学校観を教室へもちこんでくるわけです。そうなると、教師たちのユニークな実践——ステレオタイプな実践へのささやかな「抵抗」——も、その大きな学校観の前では効果を発揮できず、呑み込まれてしまう可能性があります。あるいはその「抵抗」が大きすぎる場合、逆に完全に吐き出されてしまうのではないでしょうか。それが、子どもたちの無反応あるいは無秩序に体現されてしまうのかもしれません。

●情報の力を脱臼させる

そんな前提で考えると、この状況を解決するのには、子どもたちの学校観そのものを対象化し、揺さぶる実践が必要になると思ったのです。それが僕の言う「学校観の脱構築」、「学校を語りなおす」ということです。つまり「学校を語りなおす」の主語は、学校の思い出を語り続

UFOがもたらした文通。
これからどんなことになるやら…

ける私たちであると同時に、学校の当事者として毎日を生きる子どもたちでもあるのです。学校にいる子どもたちが、いかに学校を語りなおすことができるか、そこに鍵があるように感じます。

先生のおっしゃるとおり、学校は「どうしようもなく存在する」ものだと思います。もちろん、それさえも相対化して新しい社会を構想することはできるでしょうが、今日の問題として考えるには現実的ではありません。それよりも、「学校観の脱構築」を、「どうしようもなく存在する」学校の枠組みの中でどうやって実践するかを考えるべきではないでしょうか。それも、学校外の情報に呑み込まれないような、さらに言うならそうした情報の力を脱臼させるような粘り強く、かつ楽しい「脱構築」を。これからのやりとりで、自分の経験も思い出しながら、そして日々の仕事の経験も活かしながら、こうした実践のアイディアを練り、自分もまた「学校を語りなおす」ことができればと思っています。よろしくお願いします。

（二〇〇八年七月二九日）

Session 1

まずは「学校を疑ってみる」

――学校観の脱構築をめざして

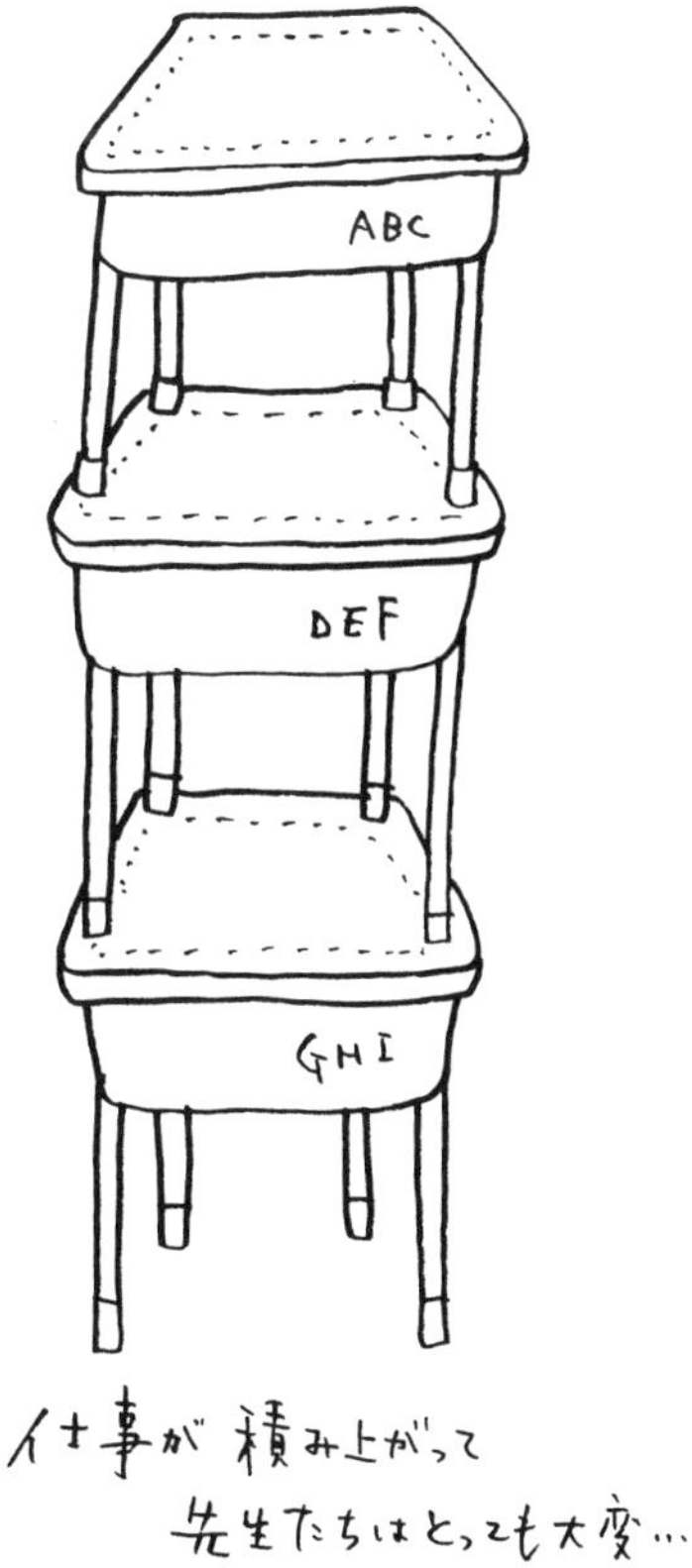

私たちは「社会的現実」の中で生きており、その中にどっぷりはまって、それがあることにすら気づかない――伊藤哲司

山崎さん

お手紙ありがとうございました。ＵＦＯが「存在」しなかったら、私たちは出会っていなかったかもしれませんし、ましてやこうした本を一緒に書こうということになっていなかったかもしれませんね。ＵＦＯが「学校を語りなおす」きっかけをくれたのだとしたら、何かとても不思議な気がします。

山崎さんの刺激的な文章を読んで、またいろいろと考える材料を得ることができました。

まず、山崎さんからの質問に答えておきたいと思います。「あるフィールドの意味、枠組みを強く規定するイメージがある場合、それによって複雑な現実が引きずられて単純化されたり、実際には存在する異質なものが隠されたりすることは、よくあることなのでしょうか？」という質問ですが、これはそのとおり、よくあることです。社会心理学の用語に「社会的現実（social reality）」というのがあります。いわゆる客観的な現実とは異なり、社会的に構成され

たイメージによって感じられる現実感のことを指しています。そして私たちは、まさにそのような社会的現実の中で生きており、通常はその中にどっぷりはまって、それがあることにすら気づかないことが多いのです。

●ゆとり世代への注文

山崎さんの母校である中学校の後輩が、「教科内容が見直されることで（ゆとり世代の）僕たちの代だけ上や下の学年に劣ることになるので心配」と文科相に語ったというのは、それはそれで無理からぬことかもしれません。彼らは、「ゆとり教育」に対する社会の中の批判を知り、自分たちの世代が学力低下に陥っているのかもしれないと思うに至って、それが自分たちのせいではなく文科省の教育政策のためだと感じたのでしょう。どうしてくれるのだと文科相に直訴したのだとしたら、それはそれで、なかなかあっぱれな後輩かもしれませんよ。

山崎さんは「彼らはどれだけのリアリティをもってこのような発言をしているのだろう」と疑問を投げかけていますが、私は、彼らを取り巻く社会的現実がそうであった以上は、彼らなりのリアリティはあったのだろうと想像します。まさに自分自身の「学力低下」は、高校進学や大学進学に直結するリアルな問題ですからね。

でも山崎さんの言うとおり、どこか評論家的な言い方であるような、何か浮いた印象は私も受けます。当事者性があまり感じられないと言ったらいいでしょうか。たしかに彼らが「学校外の情報」に、大きく左右されていることは間違いないでしょう。本当なら、円周率がおよそ

「3」だと教わったのが十分ではないと感じるなら、それについて自分で調べて「3.14」、いやもっと調べて「3.141592……」と無限に続く数値であることや、歴史の中で多くの人がこの数値の計算に取り組んだことなど、どこかで自分で調べ学べばいいことです。ゆとり教育があっという間に見直されてしまった中で、自分たちの教育にあったプラスの側面は何なのか、その「ゆとり」の中で自分たちは何ができてきたのか、そうしたことを考えるようになっていってほしいなと、ゆとり教育を受けた世代に対しては注文したいと思います。

文科相の「謝罪」の意味

一方、情けないと感じるのは、文科相の「謝罪」です。「皆さんには申し訳ないと思う」という言葉から、中学生たちが何をメッセージとして受け取るのでしょうか。質問をした中学生は、とりあえず一本取ったと思ったのかもしれませんが、その後に残るものは何なのでしょうか。文科相としては珍しく（？）潔い言葉にも聞こえますが、しかし深みも含蓄もない。もっとも、もし自分が文科相で、同じ質問を中学生からされたとしたら、さてどう答えるか。これはなかなか悩ましい問題です。一人の大人としてなら、いろいろと答えようがあると思うのですが、ゆとり教育をいったんは推進させた立場にある文科省の責任者としては、なかなか答えるのが難しい……。さて、「山崎文科相」だったら、何と答えますか？

私が普段接しているのは大学生たちですが、自分が発する何気ない一言も、「先生が言ったこと」というように受け取られる事実については、いつも敏感であらねばならないと思っています。二八歳で大学院生から大学教官へと替わったときに、一番感じたのはそのことでした。そのころ接した教え子たちは、自分とは六～七歳しか歳が違わず、大学院時代はそれぐらいの歳の差の後輩たちとも接してきました。そして気分的にもそんなに劇的な変化はなかったつもりが、「先輩」から「先生」と呼ばれる立場になり、カラオケに行って尾崎豊の「卒業」を歌ったら、ある学生から、冗談交じりにですが「先生、それは先生が歌う歌ではありません」と言われ、軽いショックを受けたのをよく覚えています。自分がいくら「先生」という権威性を否定しようとも、これからはそれも引き受けていくしかないのだと思った次第です。

さて話が少し逸れました。山崎さんが書いている「『学校を語りなおす』の主語は、学校の思い出を語り続ける私たちであると同時に、学校の当事者として毎日を生きる子どもたちでもある」という点、私もまったく同感です。そう、まさに子どもたち自身が、「学び、遊び、逸れていく」ことの主体であるはずであって、先生をはじめ大人たちだけが「学校を語りなおした」ところで、主役不在の議論になりかねません。だからこそ私たちのこの往復書簡も、どこかで大学生・高校生・中学生などに引き継がれていく経路を作っていく必要がありそうですね。そんな仕掛けも、これから作っていきたいものだと思います。

●常識を疑ってみよう

たぶんそのこととつながっていると思うのですが、私は大学の教養科目（主に一年生向けの科目）で、「常識を疑ってみる」をテーマに掲げた講義を展開しています。学校教育というのは、基本的には「常識」を身につけさせる場です。そして先生という存在は、そんな常識を伝授するという機能を、必然的に帯びた存在です。しかし茨城大学に入って、たまたま私の講義をとってしまった学生は、いきなり「常識を疑ってみよう」と言われるわけです。これは学生たちにとって、相当面食らうことでもあるようです。これまで「もっと常識を身につけよ」と言い続けてきた先生が、今度は一転掌《てのひら》を返すように「常識を疑ってみよう」と言うのですから。先生の言う言葉自体が「常識」であったはずなのに、「常識を疑ってみよう」という先生の言葉は、さていったいどう受け止めたらいいのか、よくわからなくなる学生もいるようです。

もちろん私の真意は、どんな常識でもとにかく懐疑の対象として、それをひっくり返してしまえということではありません。常識――ここではさしあたり、当該社会の中で多くの人に共有されている知識や考え方というぐらいに、緩やかに定義しておきましょう――の中には、やはり身につけるべき大事なものがあると私も思っています。しかしそうではないものもある。それを見極めて、少し違う角度から、あるいは少しズラしたところからその問題を眺めなおしてみるということが、とても有効になることがあるのです。そしてそれこそが、「問うて学ぶ」という意味を有している学問を始めるということにつながっていきます。

そのような話をして比較的すぐに理解してくれる学生も多いのですが、中には「先生はいったい何を信じて生きているのですか」「疑いすぎるのもよくない」といった抵抗を示してくる学生もいます。「正しい答えがひとつあるというわけでもない」ということに、耐え難さを覚

子どもの遊びは学びに通ず!?

える学生もいます。自分でそのような常識を疑った問いを発せられるようになっていくことから、自分なりのモノサシ（価値判断基準）が生まれ、閉塞感漂う社会でも、どうにかそれなりに楽しく生きていく術を見出していくことができるのだと思うのですが。

「学校外の情報に呑み込まれないような、さらに言うならそうした情報の力を脱臼させるような粘り強く、かつ楽しい『脱構築』を」ということには、もちろん私も同じ思いを抱きます。そのためには、たとえば「常識を疑ってみる」というような、具体的な方法論が必要であるように感じるのですが、いかがでしょうか。山崎さんはどのようにしてそれが可能になっていくとお考えでしょうか？

大学生に対しての働きかけという点では一〇年以上にわたる実践の中で多少はできてきているか

なと思うのですが、私に欠けているのは、高校生以下の若い人たちに対して何が可能か、まだはっきりと見えていないということです。山崎さんのアイディアがあれば、ぜひお聞かせくださ い。

ここまで書いてきて、ふと小学校五・六年生だったときの担任の先生を思い出しました。その先生はあるとき僕たちに、「先生に対して何かいたずらをしてもいいぞ」と言ったのでした。先生がギャフンと言うようないたずらを考えてみろよ、でもそれは簡単なことじゃないぞと言っているようでした。その先生は、私たち小学生に、「学び、遊び、逸れていく」その術の一端を、そんな形で伝えたかったのかもしれません。その先生——生涯の中でもっとも自分に影響を与えたのではないかと思える恩師——のことは、あらためて書くことにしたいと思います。大分の教育委員会の問題も、「レンズ」の話も深刻ですね。その話もまた後ほど書きます。

（二〇〇八年八月三日）

小学校五年生に「オレらって学力低下なんでしょ?」と言われたことがあります——山崎一希

伊藤先生

　なるほど、「社会的現実」という概念があるんですね。確かに、先生がおっしゃるとおり、教育政策を批判する言葉を通して自分たちの学力低下を語る中学生たちは、それなりのリアリティを感じていたのかもしれません。

　そもそも「学力低下」という言葉は、学力がもっと高かった時代がかつてあり、現在はそれよりも「低下」している、という時代的な比較を示すものです。そう考えると、学校で学ぶ当事者がそれ——自分たちの学力が先輩たちより低下しているということ——を実感するのって、けっこう難しい話だと思いませんか?　つまり「学力低下」というのは、ある時代と現在とを比較するメタな視点やデータが外から示されなければ、自分たちでは気づき得ない問題のはずなんです。それなのに、当事者が「学力低下」にリアリティや実感まで感じているとするなら、まずはそうなってしまう原因にもっと注目する必要があるのではないでしょうか。

「自分たちの学力は低下している」「ゆとり教育が学力低下を引き起こした」「公立学校が危ない」……そのことをあらかじめ「知っている」子どもたちを前に、教師は授業をつくり、学力を上げることを求められます。よく考えると、これはなかなか過酷な話です。実際僕自身も、学生時代に講師アルバイトをしていた学習塾で、小学五年生の生徒に「オレらって学力低下なんでしょ？」と言われたことがありました。そんな子どもたちが、学習のモチベーションには必要であろう「学力がアップした！」という実感を、はたして得られるのでしょうか。あるいは、先生がおっしゃるように、『ゆとり』の中で自分たちは何ができてきたのか、そうしたことを考える」ことができるのでしょうか。教師は、子どもたちの学力そのものと向き合うと同時に、「オレらって学力低下なんでしょ？」という感覚とも対峙することになるんですよね。

「ヒドゥン・カリキュラム」とは

ちょっと、僕が大学のときに学んでいた教育学の話を振り返ってみようと思います。教育学の用語に、「ヒドゥン・カリキュラム」(hidden curriculum、隠れたカリキュラム・潜在的カリキュラム) という言葉があります。学校で子どもたちが身につけるのは、学習指導要領に書かれた指導内容や教師のつくる指導案といった明示的なカリキュラムだけではありません。たとえばチャイムで区切られた時間規律、プリントを後ろの席へ回すという行為、教員と生徒の関係など……こういった学校的な規律や行動、価値観は、学校で生活しているだけで潜在的に身についてしまい、それらは前述の明示的・顕在的カリキュラムに対し「ヒドゥン・カリキュラム」と呼ばれています。教育社会学者の佐貫浩さんは、『学校と人間形成――学力・カリキュラム・市民形成』（法政大学出版会、二〇〇五）という本の中で、「子どものなかに埋め込まれた学校像それ自体が、子どもに対するヒドゥン・カリキュラムとして機能している」と述べています。つまり、今回僕たちが問題にしている子どもたちの「学校像」「学校観」といったものが、学校で生活するだけで学んでしまうさまざまな規律や価値観に大きく影響しているというのです。さらに踏み込めば、「埋め込まれた学校像」（学校外の情報を通してつくられる学校観）と「ヒドゥン・カリキュラム」（その学校観を通して潜在的に身につける価値観）とが互いに作用しあってしまう――学校と学校外との日々の往復を通じて、子どもたちは自らの学校観を常にたくましくしているとも言えるかもしれません。これはまさに、「オレらって学力低下なんでしょ?」という実感へ至るスパイラルです。

「ヒドゥン・カリキュラム」を問題として捉える場合、まず考えなければならないのは、それが「ヒドゥン」である――隠されている、という点です。確実に存在するのに気づくことができない。伊藤先生が「社会的現実」について、「通常はその中にどっぷりはまって、それがあることにすら気づかないことが多い」とおっしゃっていますが、それと同じようなことでしょうか。おそらく、先生が実践されている「常識を疑ってみる」というテーマは、自分たちがこの「社会的現実」に「どっぷりはまって」いることを気づかせる、という意図をもっているのだろうと思います。僕もその営みに共感します。「ヒドゥン・カリキュラム」の話に替えていえば、まずはその「ヒドゥン」の存在に気づくことが大切なのではないでしょうか。

実は僕自身、大学在学中に一番「目から鱗」という実感を得たのが、この「ヒドゥン・カリキュラム」を学んだときだったのです。小学校入学からの一二年間、自分がいつの間にか学んでいながら、気づいていなかった内容を暴露されたような気持ちになりました。それと同時に、そのことを高校のときまでに知っていれば……と悔しい思いに駆られたのです。

「学校を疑う」のは難しい

そう考えると、「オレらって学力低下なんでしょ?」スパイラルを断ち切るのには、「ヒドゥン・カリキュラム」というマジックの〝タネ〟(ヒドゥン)を子どもたちに明かしてしまうのが、一番手っ取り早いんですよね。極端にいえば、小学生、中高生が教育学を学んでしまえばよい。「常識を疑ってみる」に倣《なら》うなら、「学校を疑ってみる」とでもいいましょうか。君たちが学校だと思っているイメージは、実はほんの一部でしかない、あるいは偽物なんだよ、ということを示してしまう。文字どおり、「学校を語りなおす」ということです。

ところが、そううまくいかないのが現実です。実際、たとえば教育学部の学生でさえも、「学校を疑ってみる」ことは難しいと思うんです。あるいは「疑ってみる」という試行が、そのまま単純な学校不要論に直結してしまったりする。前述の佐貫浩さんも、「明示的なカリキュラムとヒドゥン・カリキュラムが対決し、大概の場合ヒドゥン・カリキュラムが勝利を収めている」と述べています。明示的なカリキュラムとして教育学を学んでも、ヒドゥン・カリキュラムにはなかなか勝てないわけです。

伊藤先生の言葉を借りるなら、「学校」について「少し違う角度から、あるいは少しズラしたところからその問題を眺めなおしてみるということ」、その際のバランスが意外ととれないんですよね。大学生でさえそうなんだから、ましてや高校生以下にとってはさらに難しい課題となるでしょう。そもそも「学校」「教育」を相対的に捉えるという概念を理解すること自体、社会学的な知識や感覚が必要です。また、学校の権威性を疑うことが、暴力的な秩序の崩壊につながってしまっては、元も子もありません。疑う方法をいっしょに学ばないと、大変なことになってしまいます。

教師、そして大人にできること

じゃあ、どうするか……これは本当に難しい挑戦だと思います。この往復書簡を通して、そのためのアイディアや工夫を少しでも提示できればと思っていますが、ただ、今の時点で確実に言えるのは、まずは教師をはじめ学校教育に携わる大人自身が「学校を疑ってみる」ことをしなければ、全く意味がないということです。「学び、遊び、逸れていく」――学校の文化に乗っかり、そこで学びつつ、同時に遊びの感覚をもってゆっくりと逸れていく。それはつまり、学校をめぐる「社会的現実」を自分たちで変えていく実践でもあります。教師の側がその感覚をもっていなければ、子どもたちがうまく「学び、遊び、逸れていく」ことはできないでしょう。

しかし残念ながら、教員免許の更新制、膨大な書類庶務、校長の権限アップによる教員組織のヒエラルキー構造といった近年の教育行政は、教師たちの職場における豊かな人間関係、そして「学び、遊び、逸れていく」ためのゆとりを奪っているように思います。その上、教員不信の報道にさらされることも少なくないのです。そんな状況下でも、子どもたちと真摯に向き合い、教材研究を進める学校の教師たちには、ただただ尊敬の念を抱くばかりです。それだけに、教師の現状にできるだけ寄り添いながら、かつ「学び、遊び、逸れていく」ことができる実践のアイディアを、できるだけ現実的に、一方で刺激的に示していきたいですね。

さてさて、この手紙の最後に、伊藤先生からのご質問――〝ゆとり教育〟を批判する中学生たちに対し、いったんは推進した文部科学省の責任者が〝謝罪〟をしたことについて、もしも自分が文科相だったらどう答えていたか――について考えてみました。僕ならきっとこう答えると思います。

「そもそも私たちにゆとりがありませんでした」

伊藤先生が小学校五・六年生だったときの担任の先生のお話、とても興味があります。ぜひ教えてください。それでは、毎日暑いですがどうぞご自愛ください。

（二〇〇八年八月一〇日）

極端に忙しくさせられている中で、そこから簡単に逃れることができない中で、さてどうするか――伊藤哲司

山崎さん

再び刺激的なお手紙、ありがとうございました。学生時代の塾講師のバイト中に、小学五年生の生徒から「オレらって学力低下なんでしょ？」と言われたというエピソード、なかなか強烈ですね。「学力低下」が受験等との関係では切実でリアルな問題に感じられたとしても、山崎さんが言うとおり、「自分たちの学力が先輩たちより低下しているということ」を実感するのは、おそらくかなり難しく、むしろ学校外からの情報によってそれが作られているというのはよくわかります。実際はそうではないかもしれないのに、自らそういう負のレッテルを張ってしまっているのは、何だかちょっと悲劇的にも思えてきます。

「勉強ができない」というレッテル

ところで一〇年以上前のことになりますが、私は、ある農業系の学校で非常勤講師として心理学の科目を担当していたことがありました。山崎さんが紹介してくれたエピソードからちょ

っとずれるかもしれませんが、そこで出会ったのは、「勉強ができる」という実感があまり得られないままそこまできたのであろう学生たちでした。教室に入ると最初からどよーんと淀んだ空気が漂っている。みな最初からまるでやる気なし。そんなところで普通に心理学の講義をしたところで、まともに聞いてもらえるわけもありません。若手の講師として自分なりにいろいろと工夫してみたのですが、何をしても暖簾に腕押し。そこでの私はまったく無力でした。

「教師は、子どもたちの学力そのものと向き合うと同時に、『オレらって学力低下なんでしょ?』という感覚とも対峙することになる」という指摘、それに似た経験を、私自身も少しはしているわけです。そんな状況の中では、学生たちに「自分たちでやれることを考えよう」などと言ってみたところで、虚しいだけですね。この学校での非常勤は、どうにもできないことを悟って辞めさせてもらったのですが、しかしもともと中学校か高校の教師になることを志望していた自分としては、自らの行為が「教育の否定」につながるような気もして、内心忸怩《じくじ》たるものがありました。解放されてちょっとホッとしたというのも、正直な気持ちだったのですが。

「日常性の解剖学」エスノメソドロジー

さて、大分県の教育委員会での汚職事件、山崎さんが書いていたように、「子どもにとって目の前の教師は『お金を払ったかもしれない先生』になってしまった」という「レンズ」で教師を見るようになってしまった部分があるとしたら、大多数の教師たちにとっては、本当に迷惑な話で、また一層しんどさが追加されたということなのでしょうね。「先生はお金払ったりしてないぞ」なんて子どもたちの前で言うのも何だか野暮で、かえって疑心暗鬼を招きかねないですし。大分県下ではとくに深刻でしょうけど、これに類することは大分県限定とはとても思えず、子どもたちもそういう大人たちの姿を見透かしているのだろうと考えると、教師たちにとってますます難しいことになってしまったなと感じます。

しかし、ここで諦めて立ち止まってしまってはいけないわけですね。山崎さんは、「『常識を疑ってみる』というテーマは、自分たちがこの『社会的現実』に『どっぷりはまって』いることを気づかせる、という意図をもっているのだろうと思います」と書いてくれましたが、まったくそのとおりです。そして「常識を疑ってみる」の応用とも言える「学校を疑ってみる」の実践によって、「『ヒドゥン・カリキュラム』というマジックの〝タネ〟（ヒドゥン）」が明らかになり、それが「『オレらって学力低下なんでしょ？』スパイラルを断ち切る」ことにつながっていけばなと、私も願います。しかし、これも山崎さんが指摘していますが、多くの教師自身、大人自身が、そのような実践のための方法論をもっていないのではないでしょうか。

社会学などの分野にエスノメソドロジー（ethnomethodology）という立場があります。「エスノ（ethno-）」というのは「人々の」というぐらいの意味で、「メソドロジー（methodology）」は方法論ですね。人々が日常生活の中でごく普通に行っている（行ってしまっている）行為のやり方（方法）、それをエスノメソッド（ethnomethod）と呼ぶのですが、そのエスノメソッドは通常、あまりに当たり前すぎて、自明であるがゆえに隠されて（ヒドゥンされて）おり、気づくことすら難しいわけです。当たり前であることは、当たり前であるがゆえに気づきにくい。しかし、どうにかして異化し（ズラし）ていくことによって、それを明らかにするということが、エスノメソドロジーでは目論まれます。エスノメソドロジーのことを、「日常性の解剖学」と呼ぶ研究者もいる所以《ゆえん》です。

「軍隊の管理術」という視点

山崎さんが教えてくれた「ヒドゥン・カリキュラム」――不勉強で、山崎さんの卒業論文を読むまで、私はこの言葉を知りませんでした――、それを明らかにしていくためには、エスノメソドロジー的な方法、異化していく視点、何かをズラしていく視点を得ないと、なかなか難しいのでしょう。それを明らかにするためには、日常生活の中に埋没しているだけではおそらく無理で、自分とは違った視点、「自分とは異なる他者の視点」を獲得していくことが必要です。それが実は、「常識を疑ってみる」ことに他ならないわけです。

しかしこれが案外難しい。常識の疑い方の作法とでも呼べるものを知らなければ、やり方次第で、「暴力的な秩序の崩壊」にもつながってしまうわけです。また、それ以前の問題として、常識を疑う必要性など感じもしないということがあるように思います。それは、社会全体が「学校化」し、とにかく何でもきちんとやらねばならないとされて、教師や多くの大人たちが極端に忙しくさせられていることが一因でしょう。

平和学を専門のひとつとする同僚から教えてもらったことなのですが、これは「軍隊の管理術」なんですね。兵士たちが、上官の指令を疑ったり批判したりしては、軍隊の組織としては大変まずいわけで、どうするかと言えば、兵士たちを忙しい状態に常に置くというのです。ただし、何の意味もなく穴を掘って埋めさせるといったやり方ではダメで、一見それが「国家に貢献している」とか、「国際平和に役立っている」とか、そう思えるような忙しさをどんどん与えていくのです。そうなると、兵士たちは自分の使命を果たしているという満足感を得るようになる。しかし実際には完全に管理されてしまうわけで、その人が倒れても他の人で代替することが可能な一兵卒にさせられていくというわけです。

いま、教師たちは本当に忙しくさせられています。そんな中で、異化していく視点を得ていくのは至難の業でしょう。それどころか、〝お上〟に背くようなことはタブーと思い込まされていくわけです。私は、二〇〇二年度から小中学校に導入された道徳の補助教材「心のノート」について——この教材については、またいずれ書きます——批判的に論じた『心理学者が考えた「心のノート」逆活用法』（高文研）という本を出版して、知り合いの小学校の先生に見せたのですが、彼女が発した第一声は、なかば冗談めいた言い方ではありましたが、「先生、こんな本を書いてはいけません！」でした。

●学校の「縛り」をこえて

極端に忙しくさせられている中で、そこから簡単に逃れることができない中で、さてどうするか。私にもまだ妙案はありません。しかし、前の書簡にも書いた私の小学校五・六年生時代の担任の先生は、当時まだ二〇歳代の若手教師でしたが、厳しい縛りが当時でもあったであろう学校空間の中で、いかに子どもたち――つまり私たち――と遊ぶかということに取り組んでいました。印象的なエピソードはいくつもあります。六年生の夏休みに、先生が学校行事とは無関係にキャンプに行こうという話になって、子どもたちと保護者と計画したのですが、どうやら学校からストップがかかったらしく、結局子どもたちと保護者だけで行くことになったのです。ところがキャンプ場に行ってみると先生がそこに……。キャンプ場に行くまで知らなかったので、本当にうれしかったですね。もちろんそのあと一緒にキャンプを楽しんだことは言うまでもありません。先生は、「俺が校長だったら、夏休みの宿題なんてなしにするのになぁ」なんて呟いていたこともあります。体育が大の得意で、音楽は担当しない、道徳の時間は校庭の花壇づくりに私たちを動員……そんな先生でした。

もっともこれは三〇年以上前の話ですから、今の教師たちにこうしたことを求めることはなかなかできないのかもしれません。さて、それでもどうするか。もう少し続けて考えてみたいと思います。

ところで「山崎文科相」の回答、ありがとうございました。「伊藤文科相」だったら、ともちょっと考えてみたのですが、こんなのはどうでしょう。

「そのゆとりの時間の中で、君は何を得たと思う?」

タイ、ピピ島の子どもたち

そう投げ返してみたら、もっと強烈な反応があるかもしれません。そうなら何とか身体を張って言葉をつないでいきたいと思うのですが、いかがでしょう？

残暑厳しいですね。ご自愛ください。また次のお手紙、お待ちしています。

（二〇〇八年八月一六日）

「ゆとり教育」で目指されていたのは「学校観」の転換だったと思うんです――山崎一希

伊藤先生

こんにちは。すっかりお返事が遅くなってしまいすみません。その間にお盆が過ぎ、子どもたちの夏休みも終わってしまいました。こうして慌ててお返事を書いていると、夏休み半ばでなげうった宿題を一気に取り戻しているような心持ちになります。前回、伊藤先生が小学生のころの話をしてくれましたが、伊藤少年は夏休みの宿題に計画的に取り組むタイプでしたか？　僕は最初のうちはちゃんと取り組むものの、だんだん諦めてしまい最後に苦労する……つまり、今の自分となんら変わらない子どもでした。とはいえ、小中学校の夏休みの日数は、ここ数年減少していると聞きます。完全週休二日制の導入によって減った授業時間を、再び確保するための対策です。八月三一日に必死に宿題をする、というのはもう昔話なのかもしれません。

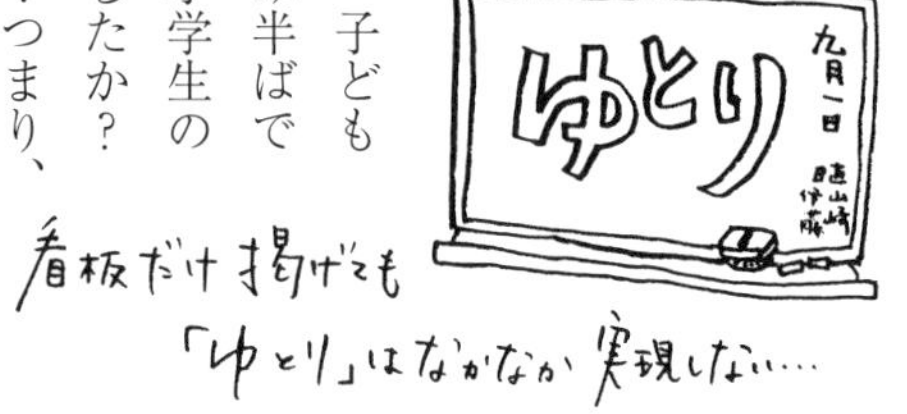

●「ゆとり教育」のもう一つの目的

そこでちょっと考えたいのは、そもそもどうして授業時間がカットされたか、ということです。よく言われるのは、それまでは受験偏重の「詰め込み」であったため、そのことの反省として授業時間数カットなどの「ゆとり教育」が導入された、という説明です。しかし、一見わかりやすいこの説明では、いろんなことを見落としてしまいます。

実は「ゆとり教育」には、「学び」を学校から解放する目的もあったと思うんです。つまり、学びの場を学校に限定せず、休日などに地域や家庭でも学ぶことにより、社会的に学力を育むことが期待されていたのです。それまでは、学校のオン／オフ（「今日は学校がある」／「今日は学校がない」）と学びのオン／オフとがあまりに対応しすぎていた。それをラディカルに解決しようと考えたのではないでしょうか。実際、学校内に教科の縛りを取り払った「総合的な学習の時間」が導入されるとともに、国は子どもたちの学びの場としての社会教育・生涯学習の充実を図るよう地方に指導しました。これは「学校の社会化」を目指した、ともいえるでしょう。言い換えるなら、子どもたちの学びの内容そのものを限定・カットしようとしたのではなく、子どもたちの「学び」全体のうちの「学校」が担う割合を減らし、逆に「社会」の担う割合を増やそうとした、ということです。

「学び」を学校から解放する――個人的にはとても共感できるコンセプトです。ところが、この試みは残念ながら成功しませんでした。世論では「学力低下」を案じる声が高まり、多くの子どもたちの休み（学校のオフ）は塾や家庭教師に託されたのです。その一方で、社会教育や生涯学習の充実は思うように進まなかったり、子どもたちに情報が届かなかったりして、塾に通わない子どもたちに具体的な学校外の「学び」の場があまり示されないままに休日が多くなった。それによって、学校のオフは「休み」以外の何ものでもなくなってしまったのです。もちろん、熱心な保護者や地域もたくさんあり、それぞれの家庭なりに学校外の「学び」に取り組む〝模範例〟もありますが、逆にいえばそれは「熱心な保護者や地域」を前提にしており、保護者の学歴や家庭環境に大きく左右されてしまいます。

●「ゆとり」vs「学力」なのか？

このように「ゆとり教育」は当初のコンセプトとは裏腹に、学校が「学力」を放棄した、という狭い見方しかされなかったのです。「ゆとり」vs「学力」という古くからの二項対立から脱却することができず、それどころかこの対立を余計に強めてしまう結果になってしまいました。〝学校は学力をつける場所〟そして〝学校が学力をつける時間を減らしている〟という地点での思考停止が続いているのです。この書簡で先生も「学校化」について何度か触れていますが、この状況はまさに「学校化」といえるでしょう。目指されていた「学校の社会化」というコンセプトは理想に終わり、逆に「社会の学校化」「学校の学校化」という現実を強化してしまったというのは、皮肉を通り越して深刻だと思います。

この問題を、今までの往復書簡でも話題にしている「学校観」という観点から考えるとより興味深い。おそらく「ゆとり教育」で目指されていたのは「学校観」の転換だったと思うんです。すなわち、学力（もっと狭く捉えるなら受験的知識）をひとりでに担う場としての「学校」

から、社会の中で学ぶ子どもたちの知をつなげる場としての「学校」への転換。ところが、この学校観の転換が社会に浸透する前に、後者のイメージを前提とした政策がどんどん進んでしまった。ここに悲劇があると思うのです。

そしてこのことは、私たちの「学校観」が、教育制度の改革そのものの力だけでは容易に変わらないことも示しています。それくらい、経験と普段の情報によってたくましくされた私たちの「学校観」は強力なのです。だからこそ、教育制度を変えるためには、どうしたって「学校観」そのものにもっと真剣に取り組まなくちゃいけないんですよね。

ここ数年の教育政策はまた〝脱ゆとり〟に向かっているようです。「伊藤文科相」が提示する「ゆとりの時間の中で、君は何を得たと思う?」という問い＝評価は、充分になされないまま終わろうとしているのです。

こうした状況下で、現場の教師たちは本当に苦労していると思います。管理的な学校観と「ゆとり」的な学校観とに挟まれながら、子どもたちに接し、保護者に接し、同僚や上司に接し、教育委員会に接する毎日は、考えただけでもしんどい。先生がおっしゃるとおり、「学校とは何か」と考えるゆとりはそこにはありません。『心理学者が考えた「心のノート」逆活用法』という本に対して「先生、こんな本を書いてはいけません!」と言うしかない、というのもよくわかります。

でもやっぱり、結局は考えなくちゃいけないと思うんです。「学校とは何か」と考え、自分なりの学校観を評価し続け、常に更新していく。そうして教師自身が常に学校観に挑戦し、納得しない限りは「学校観の脱構築」なんてできない。だからまずは、「学校」について「考える」環境をもっと充実させる必要があります。

「二・五人称」という在り方

教師が日々の営みの中で、自らの学校観を納得しながら更新していく——そのためには「エスノメソドロジー」が必要だという先生のお話、とても共感しました。最近たまたま読んだ、臨床哲学者の鷲田清一さんのインタビュー（朝日新聞社『論座』二〇〇八年九月号）に、「二・五人称」という言葉が出てきました。何かが起こっている現場（臨床）においては、その当事者である「一人称」の存在とそれに積極的にかかわる「二人称」の存在がある。そして、その現場について客観的に記録したり分析したりするのが「三人称」の存在ですが、現場において「三人称」たるのは現実には困難です。研究者にせよ報道記者にせよ、そこに居合わせている以上は、現場に対して何かしらの影響を与え、そして自分自身も影響を与えられている。それを無視して客観性を保つのは不可能です。それに対し、「局外者として分離はしないし、当事者として密着をしない、そういうきわどい場所」が「二・五人称」という存在だと鷲田さんは言っています。

この「二・五人称」を意識しながら現場にかかわり、伊藤先生のおっしゃるように枠組みを「異化」していく。それが現場の教師にできると一番よいのですが、何度も述べているように実際はかなり難しい。だとしたら、その対策として、教育学の研究者が学校に入って「カリキュラム」にかかわるということを、もっと真剣に検討するべきではないかと思うんです。研究者が学校に入る、という実例はいくつもありますが、それらは往々にして子どもたちの学習理解を助けたり、心のケアをしたり、という役割にとどまっています。そうではなく、「学校とは何か」という問いについて、教師たちといっしょに考えながら言葉を紡ぎだし、そして研究者自らも枠組みを更新していくような、そういうかかわりをすべきではないでしょうか。あるいはそれが無理だとしたら、せめて「学校とは何か」という問いを、教師たちが自らの現場とつき合わせながら互いに議論し、深めていける時間を、もっと意識的に作ろうとしなくてはいけないと思います。

夏休みが短くなった子どもたちに思いを馳せつつ、今日は政策的な話にページを割いてしまいました。前回伊藤先生が書いてくれた教師のエピソードに絡めつつ、次回は僕自身の子ども時代のエピソードもお話ししながら「学校観の脱構築」について考えていきたいと思います。

それではまた。

（二〇〇八年九月一日）

ベトナムに深刻ないじめや、不登校は基本的にない。不登校を説明するのは困難なのです――伊藤哲司

山崎さん

「ゆとり教育」ついての鋭い分析、考えさせられるところ多々ありました。「ゆとり教育」の導入によって、「学び」を学校から解放し、いわば「学校の社会化」が目指されていたというのは、本当にそのとおりだったのだろうと思いました。とすればなおさら「ゆとり教育」の導入は、一種の社会実験であり、それが教育政策の大きな転換であったからこそ、導入直後には多少の齟齬《そご》が生じたりするのは当然なのだろうと思います。しかし、その結果が十分検証されないまま「脱ゆとり教育」に再び急転換してしまいました。きっと後世から見たら大失策だったと思われるのではないでしょうか。その中で振り回されるのは、現場の教師であり子どもたちですね。

●単なる批判ではなく

ところでつい先日、福田首相が電撃的に辞任を発表し、衆議院解散総選挙が実施される見通

しとなりました。自民党の総裁選の候補者がたくさん現れて、その状況がかえって支持率アップにつながりそうだということがわかり、それで早めの解散総選挙をという話になっているようです。与党にとって風向きがいいときに選挙をやる。風向きが悪いときは、支持率がいくら下がろうと、現状にしがみつく。日本だけではないのでしょうけど、そんな政治家たちが跋扈《ばっこ》するような国に、なかなか中長期的な展望をもってもらうことは期待できそうにありません。

しかしそうしたことに怒らず何もしない私たちが一番問題なわけで、政治家や官僚を批判するだけでは何も現状は変わらないですね。いかに困難であっても、山崎さんの言うとおり「教師自身が常に学校観に挑戦し、納得しない限りは『学校観の脱構築』なんてできない」のだと私も思いますし、教師だけでなく、大人たちがもっと考えてやれることをやっていかないといけないと思います。

もっとも日々の忙しさとストレスに翻弄されて、それどころではない「一兵卒」と化した大人が多いであろう現状では、本当にそれは困難なことです。それでも何か踏み台にするための足がかりはないかと考えてみると、前回までに書いた「常識を疑ってみる」こと、それにエスノメソドロジー的な観点をもつことに加えて、もうひとつヒントになりそうなことがあります。それは「インターローカルに生きる」という発想です。

昨今の地球温暖化の問題などに関連して環境問題がクローズアップされていますが、その中で「Think globally, act locally（地球規模で考えて、地域レベルで行動しよう）」というキャッチフレーズがありますね。言い得て妙ではありますが、でも私たちにとっての諸問題は、常にグローバルに共通なものとして存在しているわけではなく、きわめてローカルで固有なものであったりもします。とくにいま論じている教育にかかわるような問題であれば、共通する問題点は何かということを見出す必要があると同時に、個別具体的な問題に着目しなければならないと思います。つまり「Think globally, act locally（地球規模で考えて、地域レベルで行動しよう）」の前に、「Think locally（地域レベルで考えよう）」ということが必要になってきます。

そしてさらに言えば――これは京都大学の矢守克也さんとのやりとりで見出した発想なのですが――、私たちはインターネットがあり飛行機で世界のどこにでも飛んでいけるような時代に生きている、つまり「Act globally（地球規模で行動しよう）」も不可能ではなくなってきました。つまり「Think globally, act locally（地球規模で考えて、地域レベルで行動しよう）」と同時に、それを補完するために「Think locally, act globally（地域レベルで考えて、地球規模で行動しよう）」ということが必要になってくるのではないでしょうか。そしてこれらをまとめて、「Live interlocally（インターローカルに生きよう）」と言うことができるでしょう。「インター（inter）」という言葉は、「間の」という意味がありますから、「インターローカル」というのは、ローカルとローカルの間、あるいはそれらをつないだものという意味になるわけです。

つまり、私たち一人ひとりがあるローカルなところに埋没するように生きるのではなく、そこだけに自分の居場所を限定せずに、他のローカルを知るよう努力する。できればそこに実際に身を置いてみる。そうすることで、自分自身が抱えていた埒《らち》のあかないように思えた問題が、ちょっと見方が変わって、かなり違う問題として見えてくることがあると思うのです。そうして、元のローカルの中でも行動し、別のローカルの中でも何かを試み、そしてローカルとローカルをつないでいく、そんな発想に立って生きてみると、これまでの生き方とは違うものが生まれてくるように思います。

●ベトナムから日本を見る

たとえば、いま私が研究面で主にかかわっているベトナムというフィールド、そこの学校に行ってみると、日本ではもうなかなか見られないような生き生きとした表情をした子どもたちに出会うことが多々あります。子どもたち同士のケンカやいざこざはあっても、深刻ないじめの問題はなさそうで、不登校ということも基本的にない。ベトナムで、不登校を説明するのは困難なのです。「学校に行けない子どもたちが日本にはたくさんいる」と言うと、「えっ？　どうして？　お金がないんですか？」みたいな話になってしまうんです。

そうすると「いじめ」や「不登校」という問題が、学校に常に普遍的に存在する問題ではないことが見えてきます。私自身、

ベトナムで子どもにカメラを向けると……

そうした観点を大事にしたいと思い、二〇〇二年からベトナムの首都ハノイで、当地の大学関係者などと協力しながら、「日本ベトナム教育セミナー」という場を作ってきました。できればそういうところに、日本の先生たちに一人でも二人でも参加してほしい。そして、「先進国」に住む私たちが、むしろ「発展途上国」の人々に教えられることが多いことを実感してもらえたらと考えています。

もっともそこで何を感じ、その次に何をするかまで規定しようとは思いません。毎年学生たちを連れてベトナムに行く機会もあるのですが、そこで学生が何に気づくかは、もちろん私が決めることではないと思っています。しかし学生たちも、何か機会がなければベトナムに行ってみようということになかなかならないでしょうから、私としてはそういう機会があるということを示していくことが、ひとつの役割だと考えています。

そうしている中で、これまでに一〇人の茨大生が一年ぐらいのベトナム留学を経験しました。そのうち二人の卒業生は、いまベトナムで働いています。ベトナムをテーマにした研究をしている大学院生や学生もいます。ハノイに恋人ができたというのも二人いる。そうしたインターローカルな活躍をする若者たちが、何かを変えていってくれることを期待しています。

●すぐそこにある「異文化」

もちろんそうは言っても、そうした活躍ができるのはなお一部の人ではないかと思われるかもしれません。でも、何もベトナムのような遠い場所でなくてもいいんですね。自分がいつもいるローカル――フィールドと言い換えてもいいと思いますが――とは異なるローカル、ないしは「異文化のフィールド」は、地理的にはとても近いところにもある。近所の行きつけのラーメン屋とか、そんなところのオヤジさんと話すだけでも、ずいぶんいろんなことが見えてきたりしますし、学生たちにはいつもそんなことを勧めています。「ラーメン屋のオヤジさんと話をしてみてごらん」と。

さらに言えば、地理的な意味を含んだローカルでなくてもいいんです。映画や小説の世界だって異文化のフィールドかもしれない。本当に忙殺されていたら映画を見ている暇もないということになるのかもしれませんが、そこは個人が努力で何とかするしかないですね。そうすることが、忙殺されること、すなわち「心を亡くして殺されること」から身を守り保っていくことに、さらに言えば思考停止からの脱却につながると思うのです。

「教育学の研究者が学校に入って『カリキュラム』にかかわるということを、もっと真剣に検討するべきではないか」という山崎さんの提案で思い出したのですが、奈須正裕さんという教育心理学者が、かつてある学会のニューズレター（会報）で「学校へ行こう」という文章を書いていました。通常、心理学者が学校に行くというと、何かデータを取ってくることを連想されてしまうのですが――近年ではむしろスクールカウンセラーなどが連想されそうですが――、彼は学校に行ってデータを取ろうという気がまるでなくて、とにかくまず学校に行ってみようと呼びかけていたのでした。心理学者であれ教育学者であれ、そんな人が学校にやってくると、教師たちも正直なところ構えてしまうと思うんですね。私にも経験がありますが、その立場で行くと、とても〝手厚い〟もてなしを受けたりするんです。だからその壁を崩していかなければ、何もおもしろいことは始まらない。もっと言えば、専門家のツラを下げて学校に行くことは避けたほうがいいと思うのですが、どうでしょうか。

それでも、透明人間になって学校に入っていくことは不可能ですし、立場のない立場というのはないわけですから、私たちは常に何らかの役割を担いながら、何らかの立場で行動していることは自覚すべきだと思います。そういう意味で、「研究者にせよ報道記者にせよ、そこに居合わせている以上は、現場に対して何かしらの影響を与え、そして自分自身も影響を与えられている。それを無視して客観性を保つのは不可能」という山崎さんの指摘は、まったくそのとおりです。それを自覚してこそ、「学校に行こう」という提言が意味をもつのでしょう。既存の構えを壊しても、何らかの別の構えができるわけですが、それも脱構築の一部にはなると思うのです。

トップダウンからの脱却

さて、伊藤少年の夏休みは？　という質問がありました。優等生ぶるつもりはまったくないのですが、夏休みの終わりに急いで宿題をやったという記憶はあまりないですね。でも、そもそも私の世代には、夏休みの宿題はそんなにたくさんなかったような気がします。中学校一年生の娘の宿題の量を見ていると、本当に大変そう。まるで、勉強に忙殺される状況に追いこみ、悪い道に走らないようにさせているかのようにすら思えます。

今年の二学期の始まり、水戸では八月二九日の金曜日でした。必要な授業日をルール通り確保するためかと思いますが、その日まで夏休みなら三日間夏休みが増えるのに。いったいこれは誰のためなんでしょう？　おそらく子どもたちのためでもなく、教師たちのためでもない。娘は、「あと夏休みが三日あったらなぁ」と、たまった宿題を前にぼやいていました。「風が吹いたら遅刻して、雨が降ったらお休みで〜」という歌の歌詞とは対照的な硬直したあり方。こういう融通が利かないところに、「社会の学校化」「学校の学校化」問題の一面が垣間見えるように思います。

お上が変わらないとなかなか変わらない――首相や大臣がクールビズを実践するようになってようやく男性たちが夏にネクタイを外しはじめたように――というのが、この国の常なるところですが、そこから脱却していかないといけませんね。特効薬はありませんが、「常識を疑ってみる」こと、エスノメソドロジー的な観点をもつこと、それに「インターローカルに生きる」こと――こうしたことを自ら実践しながら学生などにも働きかけをしていくのが、教師としての私の役割かなと思っています。

山崎さんの手紙に触発されて、私もちょっと話が抽象的になり、長々と書いてしまいました。少し具体的な話をしていきましょう。山崎少年の話、楽しみにしています。

（二〇〇八年九月八日）

「学校格差」といえばなくしていくべき課題になるのでしょうが、それを逆に学校の個性と考えることもできます――山崎一希

伊藤先生

「インターローカル」というキーワード、とても重要ですね。先生の「私たちにとっての諸問題は、常にグローバルに共通なものとして存在しているわけではなく、きわめてローカルで固有なものであったりもします」「とくにいま論じている教育にかかわるような問題であれば、共通する問題点は何かということを見出す必要があると同時に、個別具体的な問題に着目しなければならないと思います」といった言葉を共感しながら読みました。せっかくなので、今回は僕も〝ローカル〟〝グローバル〟といった視点に照らし合わせて学校教育について考えたいと思います。

なぜ競争原理が導入されたか

ここ数年、多くの地域で公立学校の選択制が導入されるようになってきました。入学する学校を地区的に限定していた「学区」を廃止し、学校は遠くなるかもしれないけれど好きな学校

に通えますよ、という制度ですね。先の安倍晋三政権下の教育再生会議でも、この学校選択制や教育バウチャー制度（学校クーポン制）が大きなトピックに挙げられていました。こうした制度の背景には、競争原理を導入することで公立学校の質を向上させよう、という目的があります。それゆえに、制度の導入が教育格差を増大させる、あるいは学校を評価する視点が画一的になってしまう、といった批判も出されています。

近年の「学力低下」論、そしてそれに端を発する公立学校不信が、この学校選択制の導入に拍車をかけたのは言うまでもありません。自由主義的な立場からは、日本の国際競争力のアップという観点から学校教育の質の向上が語られます。ＯＥＣＤによる国際学習到達度調査（ＰＩＳＡ）は日本の順位の低下を示し、その結果は〝ＰＩＳＡショック〟ともいえる衝撃を与えました。そうして、国際社会で活躍する人材を育てるためにも学校同士を競わせて教育の質を向上させるべきだ、という議論が支持を得るようになったんですね。

ここでは「国際競争力」という〝グローバル〟な問題意識が出発点になっており、それを前提とした各地域・各学校の取り組み（「選択」されるための対策）が議論になっています。しかし、伊藤先生の書簡にもあるように「共通する問題点は何かということを見出す必要があると同時に、個別具体的な問題に着目しなければならない」と思うのです。「国際競争力」のようなグローバルな問題意識からの出発を〝トップダウン〟と捉えれば、まずはローカルで個別具体的な課題に取り組みながらその方法論を共有していくという〝ボトムアップ〟の発想も大切ですよね。

学校教育でいえば、その学校、その地域固有の課題にまずは取り組む。学校の規模、子どもたちの環境、その学校を取り巻く地域の状況などは学校によって異なるものです。これを単純に「学校格差」と捉えればそれはなくしていくべき課題になるのでしょうが、逆に学校の個性＝それぞれの学校が抱えるローカルな問題と考えることもできます。学校の個性を充分に活かしながら地域の問題に学習として取り組んでいくわけです。その地域、その学校、その子どもたちにとって必要な学力を育む――全国一斉学力調査とは逆の発想ですよね。

知られざる「学習指導要領」試案

突然古い話をするようですが、昭和二二年（一九四七年）に「学習指導要領（試案）」というものが出されました。ご存じのように今でも「学習指導要領」は出されていますが、昭和二八年（一九五三年）までは「試案」という言葉がついていたんですね。現在の「学習指導要領」は〝これを教えなければならない〟といったように教育内容を規定し、その法的拘束力も議論されるような存在ですが、この「試案」はまったく違う性格のもので、〝こんな実践をやってみたらいかが？〟という学習の手引きのようになっています。拘束力は弱く、現場の裁量に多くを任せているのです。それを象徴しているのが、序論の「なぜこの書はつくられたか」という文章です。ちょっと長くなりますが、その一部を引用しますね。

これまでの教育では、その内容を中央できめると、それをどんなところでも、どんな児童にも一様にあてはめて行こうとした。だからどうしてもいわゆる画一的になって、教育の実際の場での創意や工夫がなされる余地がなかった。このようなことは、教育の実際にいろいろな不合理をもたらし、教育の生気をそぐようなことになった。たとえば、四月のはじめには、どこでも桜の花のことをおしえるようにきめられたために、あるところでは花はとっくに散ってしまったのに、それをおしえなくてはならないし、あるところではまだつぼみのかたい桜の木をながめながら花のことをおしえなくてはならない、といったようなことさえあった。また都会の児童も、山の中の児童も、そのまわりの状態のちがいなどにおかまいなく同じことを教えられるといった不合理なこともあった。しかもそのようなやり方は、教育の現場で指導にあたる教師の立場を、機械的なものにしてしまって、自分の創意や工夫の力を失わせ、ために教育に生き生きした動きを少なくするようなことになり、時には教師の考えを、あてがわれたことを型どおりにおしえておけばよい、といった気持におとしいれ、ほんとうに生きた指導をしようとする心持を失わせるようなこともあったのである。

……と、これが昭和二二年の「学習指導要領（試案）」の序文なんです。僕は大学生のときにはじめて読んで、かなり衝撃を受けたことを覚えています。まあそれはともかく、この「試案」の文章に、学校教育における〝ローカル〟の問題を考えるヒントがあると思うのです。つまり、「四月のはじめには、どこでも桜の花のことをおしえる」のではなく、四月のはじめに桜が咲いているところもあれば、散っているところもつぼみのところもある、ということを念頭に置き、それぞれの地域に合わせた学習内容をそれぞれの教室でつくっていくということ。前述したように、その学校、その地域特有の事情、文化を活かした実践こそが〝ローカル〟なのです。

いかに「情報共有」を実現するか

では、その上で先生のいう「インターローカル」についても考えてみます。「私たち一人ひとりがあるローカルなところに埋没するように生きるのではなく、そこだけに自分の居場所を限定せずに、他のローカルを知る努力をする。そうして、元のローカルの中でも行動し、別のローカルの中でも何かを試み、そしてローカルとローカルをつないでいく、そんな発想に立って生きてみる」ということですね。学校教育でいえば、ローカルの問題として学んだ内容をグローバルに広げていく＝情報を共有し・学び・つながっていく、ということでしょうか。先生がお手紙で書かれている「日本ベトナム教育セミナー」の話とも共通しますが、ローカルな問題に向き合いとことん悩みながら、他地域・他校の情報を知り、あるいは直接肌で触れて学び合うことができると理想的です。

そこで僕が課題だと思っているのは、いかに「情報共有」を実現するか、ということなんです。インターネットがこれだけ普及していながら、「学校」「教育」というテーマに限ると、ローカルな情報を子どもたち自身が共有するためのメディアはあまり存在していないように思います。もちろんゼロではないでしょう。自分の知っている範囲では、たとえば世界の教室の環境教育実践をつなぐ「ワールド・スクール・ネットワーク」という活動もあります（http://www.wschool.net/）。また、地域によっては独自に取り組んでいるところもあるかもしれないし、「姉妹校」のような連携活動を海外と結んでやりとりしている学校もあるかもしれません。しかし、学校に関することが書いてある・特集してあるメディアはどうしても堅いイメージがあって、実は子どもたちの日常感覚とか共感から遠いところにあるような気がします。一方で子どもたちが楽しんで手にとるサブカルチャー的なメディア（たとえばテレビ番組や雑誌など）には、ローカルな学校の営みはあまり採り上げられていません（学校的な文化を茶化す内容は多いですが）。子どもたち自身が、それぞれの学び・取り組みについてそれぞれの言葉で伝え合える、そして共感できるメディアはないだろうか――それは僕がずっと求めてきたものでありました。

「君たちは自分たちのメディアをもっている」

「学校」的なモノとは対置されがちな〝かわいい〟〝かっこいい〟メディアは、それがために子どもたちの共感を得たりします。だとしたらそのパワーを逆活用して、もう一度「学校」へと視点を戻すことができないか、というのがここでの提案です。つまり、子どもたちが〝遊び〟の延長線上で、あるいは〝遊び〟そのものとしてローカルな学校教育実践に触れることができ、かかわれるような試みはないかと。近年「メディア・リテラシー」教育の研究・実践が進んでいますが、それになぞらえれば、さまざまな人が通い、豊かな実践が行われる「学校」そのものをひとつのメディア（〝遊び〟場）として捉え、それ自体を読み解きながら楽しく扱っていくための「リテラシー」こそ必要なのではないでしょうか。僕自身は勝手に「スクール・メディア・リテラシー」などと呼んだりしていますが、こうした取り組みもまた「学校観の脱構築」を目指すものであり、「インターローカル」的な実践につながっていくと思うのです。

高校時代、僕は放送委員会に所属していたのですが、あるとき教師から「君たちは自分たちのメディアをもっているんだ」と言われ、ハッとさせられたことがありました。普段学校放送で連絡事項を伝えていながら、「自分たちのメディアをもっている」という意識がなかったんですね。かつて学生運動がさかんだった時代は、学生新聞による言論活動も活発だったと聞いていますが、そのような学校－メディア感覚はだんだん薄れてきているのかもしれません。その意味で、学校内には当事者たちの気づいていないメディアが、まだまだ存在しているんですよね。あるいは先述のように、「学校」そのものをメディアと捉えることもできるでしょう。ローカルな問題や学びの「情報共有」へと意識を向けつつ、そのためのメディアへの気づきや活用法を促す「スクール・メディア・リテラシー」活動は、個人的にもっと研究したい課題です。

そんなことを書いていると、いざ実際にマスコミに就職した自分は今何ができているのだろう……と考えさせられてしまいます。この往復書簡も「スクール・メディア・リテラシー」のよい教材になればと思っています。

（二〇〇八年九月一〇日）

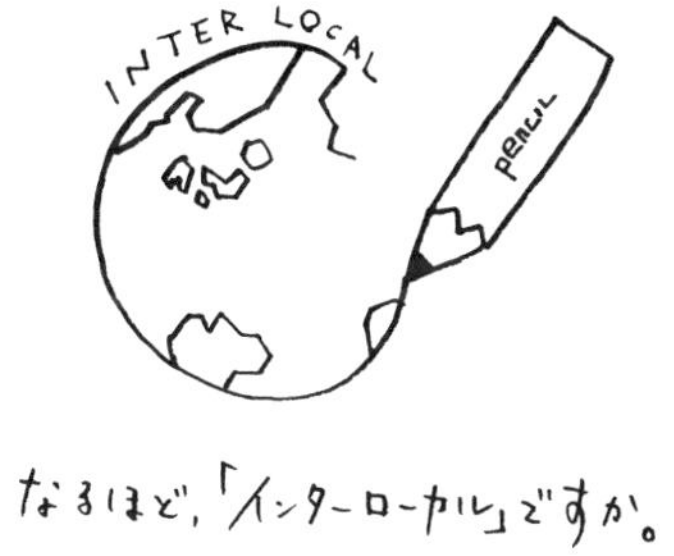

では自分がその「体制側」の中にいる一人だったら、いったい何ができるのだろう──伊藤哲司

山崎さん

戦後まもないころに出されたという「学習指導要領（試案）」、大変興味深く読みました。これな斬新な文章が当時あったなんて、ちょっと驚きですね。誰が書いたものかわかりませんが、本当の意味で見識のある人が書いたのだろうと想像します。書いたご本人にお会いしてみたくなりました。

批判される側に自分がいたなら

いわゆる「体制側」のやる仕事を批判したくなることって、しばしばありますね。でも私がときどき思うのは、では自分がその「体制側」の中にいる一人だったら、いったい何ができるのだろう、どう違うことができるのだろうということです。先に、「山崎文科相」だったらとか「伊藤文科相」だったらという話題を出しましたが、これはけっして言葉遊びではなく、それを考えてみることは本当に大事だと思うのです。政府を批判する前に、自分が首相だったら

何ができるのだろうと想像してみることです。

そのような想像をしてみると、もしかすると現状と大して変わるところのないことしかできないのかもしれない。自分自身が批判したくなることを、その立場になれば自分もやってしまうかもしれない。そうした観点が、たとえば、労働運動に真摯に取り組んでいる――それ自体に敬意を表すべきことだとは思っているのですが――そんな人たちには、あまり見られないように思います。「敵」を想定することによって成り立つ運動――労働運動がすべてそうだと言うつもりもありませんが――に、私はあまり魅力を感じません。批判すること自体は難しいことではない。でも、批判される側に自分がいたなら何ができるのか、そういう観点を獲得することが、私たちの思考と行動を拡げていくために必要だと思うのです。

「体制」の中での個人の力

山崎さんがやや批判的に書いていた「全国一斉学力調査」、それそのものではないのですが、私自身、ある全国規模の統一テストを作成し実施する側にかかわったことがあり、いわば「体制側」に組み入れられた格好になったことがありました。でも、その中で学べたことが確実にありました。そういう仕事に従事している担当者たちは、それぞれ個人的にはけっこう反骨精神や批判精神をもっていたりするのです。しかしそれがそのままの形で発揮されるわけではなく、結局は厳しい枠組みの中でしか仕事ができないという壁にぶち当たるのです。その枠組み自体を変えていくことは大変難しいわけです。それでも何もできないというわけではなく、その枠組みの中でやれることがある。結果だけ見れば大したことがなかったりしても、そんな工夫をしようと担当者たちはけっこうもがいていたりするのですね。もちろん、いつもそうとは限らないでしょうけど。

最初の書簡で、「『学校』というどうしようもなく存在する枠組みの中で、しかしそこに埋没してしまうことなく、いかに『学び、遊び、逸れていく』か」という山崎さんのスタンスのことを書きましたが、先述のような私の経験が、山崎さんのそれにつながっていると感じるのです。私たちが目指すべきは、社会の枠組みを根底からひっくり返そうという「革命」ではないのでしょう。いや、社会が本当にどうしようもないときは、それを目指さねばならないのかもしれません。でもいまの日本社会は、確かにひどいところはいっぱいあるけれど、案外捨てたものではないという面もけっこうある。そこは正当に評価せねばとも思うのです。昨年（二〇〇七年）亡くなった反骨の小田実《まこと》さんも、死期が迫る病床で、そんなことを話していました。でもやっぱりその中で、子どもたちが伸び伸びできない状況があるなら、「学び、遊び、逸れていく」ための方法が必要ですね。

さて、先の書簡で山崎さんは、私が書いた「インターローカルに生きる」という話を敷衍《ふえん》して、「スクール・メディア・リテラシー」という魅力的な概念へと結びつけてくれました。「ローカルの問題として学んだ内容をグローバルに広げていく＝情報を共有し・学び・つながっていく」ことが、たしかに「インターローカルに生きる」の一側面です。そしてそのためには、何らかの「メディア」と、それを通して読み書きする能力である「リテラシー」が必要だというわけですね。それを「スクール」という枠組みの中でどう実現させていくか、具体的なアイディアは、いろいろと豊富に考えていくことができそうです。

●「他のクラスの部屋に長くいてはいけない」理由

ところで自分が小学生・中学生だったころを思い返してみると、自分の所属するクラス以外の部屋にはあまり出入りしてはいけないというルールがありました。これが明示的なルールだったのか、暗黙のルールだったのか定かでないのですが、他のクラスの部屋に長くいてはいけないような雰囲気が確実にありました。山崎さんの時代はどうだったのかわかりませんが、これは、インターローカルに生きること――ここではクラスというローカルとローカルをつないで何か活動をしていくこと――を、最初から否定しているようなルールだったなと、いま振り返ってみると思います。子どもたちが乱れないよう、秩序を保たせるためだけに存在したルールだったのかもしれません。

以前に書いた軍隊の管理術のように、人を管理するための方法はいくつかあると思いますが、個人と個人のつながりを希薄にしていくこと、さらにはお互いを監視させあうような仕組みを導入していくことが、そのひとつだと思います。「他のクラスの部屋に入るべからず」というルールは、相互監視の仕組みとまではいきませんが、子どもたちが自由にクラスを超えてつながっていくことを、むしろ抑える働きがありました。クラスなんて、学校側が勝手に決めたものだし、クラス内で仲のよい人もいれば、どうしても馴染めない人もいる。「みんな仲良く」なんて言われたって、誰もそれを実行できやしない。もっとクラスを超えて生きていきたい――そんなインターローカルに生きるということが、学校の中でも許容されていいように思うのです。

さらにそれは、学年を超えて、あるいは学校を超えてつながっていける仕組みができると、なおおもしろいことができそうです。「メディア」は「媒介」、何かと何かをつないでいく仕組みなわけですから、そこに注目するのは必然ですね。そして山崎さんは、まさにラジオという「メディア」で働くことを、自分自身の仕事として選択された。そこに目をつけた経緯や、高校時代に放送委員会に所属していたという経験などを、もっとお聞きしたいなと思います。そこにおそらく、「学び、遊び、逸れていく」ための山崎さんなりのアイディアが、いろいろと詰まっているでしょうから。

●自足から発信へ

若干私の経験も記しておきます。私が通っていた高校は、愛知県名古屋市にある千種《ちぐさ》高等学校というところでした。進学校なのに補習もなく、先生に勉強せよと言われることもほとんどないような、そんな希有で自由な雰囲気の高校でした。高校三年生のとき、受験勉強に邁進すべき時期であったにもかかわらず、文化祭の演劇の出し物練習に私たちは熱中し、毎朝自作のクラスの歌を熱唱し、卒業式の前日で国立大入試の直前にレクリエーション大会を開いたりしていました。苦手科目のテストをやり過ごすために、たとえば世界史の覚えづらい部分を歌にして覚えさせてくれた友人もいました。大学受験という重たいものが近づけば近づくほど、そこから逃げるのではなく、何とかそれぞれ立ち向かいながら、でも遊べるところは茶化して遊んでしまえというところがあり、いま振り返ってみても、あのころの気分にもう一度浸ってみたい懐かしさを覚えます。もう一度高校に入りなおすなら、自分の母校に入って同じクラスで学んでみたいとも思うのです。

しかしその中で私たちがやったことは、同じクラスの中で閉じたことだけでした。そうしたことを他に発信していこうとか、外とつながっていこうという発想は乏しかったと思います。そういう意味で、とても内弁慶でしたね。「スクール・メディア・リテラシー」は、そこにはなかったのです。

山崎さんの場合は、もう少し質の違うことを、おそらく高校時代などにされてきていますよね。ぜひ具体的に紹介してください。そのあたりのことが、今の生徒や先生たちにとって一番具体的なヒントになるのだろうと思います。また次のお便り、お待ちしています。

（二〇〇八年九月二四日）

「つながる」子どもたち。ハノイ郊外の小学校にて

Session 2

学校において「つながる」ということ

——もし学校に「カフェ」があったら

「学校」＝勉強するところ、という固定的なイメージは、むしろ子どもたちのほうが強く抱いてしまっているのです——山崎一希

伊藤先生

こんにちは。すっかりお返事が遅くなりましてすみません。秋の特別番組やイベントの仕事に追われるうちに、体の底から冷える冬の寒さが到来してしまいました。風邪などひいていませんか？

お待たせしていた間に、中学のときのプチ同窓会がありました。急に水戸で開かれることになり、都合のつくメンバーが集まって久しぶりに楽しい時間を過ごすことができました。〝生徒〟が七～八人と、〝先生〟が一人……三年間英語を教えてもらい、二年生のときの担任でもあったO先生です。

「遊びましょう」という不思議な指令

中学二年……一四歳というのは、多感な段階として語られることが多い年頃ですね。自分のときももちろんイジメはあったし、ちょっとした言葉のやりとりで傷ついたりしていましたが、

今思い起こしてみるとむしろ楽しい記憶のほうがたくさん蘇ってきます。たとえば「ビートルズ」。一九八〇年代生まれ、つまりジョン・レノンと同じ時間を過ごしてさえいない僕たちですが、当時はクラス中にビートルズの音楽が響いていました。挙げ句の果てに学級新聞のテーマまで「ビートルズ」。楽器ができる連中は楽器を鳴らし、僕はＣＤや本をコレクションとして購入しては、学校に持ってきていました。そのときの担任がＯ先生だったわけです。ある日のホームルーム、先生がこんなことを指示しました。

「他のクラスの人や先生に見つからないように遊びましょう」

なんだか不思議な指令ですが、「遊びましょう」という言葉だけをまずはマジメに聞き取り、教室でできうる限りの遊びをします。どこからともなくＣＤラジカセを持ってきてＣＤを聴く、かかとをつぶしたシューズを使って靴跳ばしをする……。しかしながら、「他の先生に見つからないように」しなくてはいけません。それがまた、僕たち中学生の心をくすぐるわけです。見張りをつけたり、廊下を歩く足音に耳をそばだてたりして、人の気配を感じたらさっと隠れる。いや、隠れるのではダメ、教室の端

に寄せた机・椅子を戻していつもどおりを装わなきゃ……そんなことを考えながら必死になって遊ぶんですね。

こんなこともありました。何かの用事でフラリと職員室（大学の附属学校の場合は「教官室」と言いましたが）に入ったら、「学年だより」を執筆中のまま放ってあるパソコンを見つけたんです。そこでイタズラ心がはたらき、空いているスペースに自分が所属していた部活のPR文章を勝手に打ち込み、加えてしまったんです。その翌日、実際に配られた「学年だより」を見てビックリ！　自分が打ち込んだ文章が削除されずにそのまま印刷されていたんです。部活の仲間たちと大笑いしたことを覚えています。

なんだか思い出話になってしまいましたが、でもここに「スクール・メディア・リテラシー」の豊かな実践を見出すことができるんじゃないかと思うのです。まずは「他のクラスの人や先生に見つからないように遊びましょう」という指令。伊藤先生もご指摘のとおり、「クラス」という単位は、学校生活での楽しみを享受するのに有効にはたらき得る枠組みですが、一方でその文化は「閉じた」ままになってしまうことが多いですね。まあ閉じているからこそ楽しさが増す、という面はあるのでしょうが。O先生の「他のクラスの人や先生に見つからないように……」という言葉も、どことなく「閉じる」という志向性をもった指令に聞こえます。でもよく考えてみると、実はもっと深いんじゃないかと思うんですね。

そもそも「遊びましょう」というのが、「学校」「ホームルーム」という場において違和感を抱かせる言葉です。普段から遊んでいるくせに、生徒たちにとってはそれは学校の活動の「外」という意識。その言葉が担任の口から出てくるのだからキョトンとしてしまいます。

さらに「他のクラスの人や先生に見つからないように」という但し書き。自由に遊ぶのではダメなんです。他のクラスの友だちに見つかれば羨ましがられ収拾がつかなくなるし、先生たちに見つかれば怒られる。そこで、「学校」「教室」という場で〝遊ぶ〟ということの限界性、そこで前提とされているルールが最初から示されているんですね。

●「学校遊び」の条件

学校という枠組みを活かす〝遊び〟を「学校遊び」と呼ぶことにしましょう。この「学校遊び」、けっこう難しいんですよね。「学校」＝勉強するところ、という固定的なイメージは、むしろ子どもたちのほうが強く抱いてしまっていると思います。そしてとても素朴なこのイメージを前提に、あらゆる〝遊び〟は「学校」「教室」という場・営みから逸脱したもの（非〝学校〟）と捉えられてしまいます。だから突然教室で「遊びましょう」と言われても、遊び方がわからず戸惑ってしまう。じゃあどうするかというと、生徒としては「逸脱」文化を単純に教室内に連れ込むしかありません。〝学校〟／非〝学校〟という対立的な構図からは結局抜け出せないままです。

そこから抜け出すためには、教師が〝遊び〟方（楽しさ、ルール……）を示す必要があります。まずは「学校」「教室」という場をあらためて相対化してみせ、その枠組み・限界性を示す。その上で、示した枠組みを溶かすような〝遊び〟の方法を提示するんです。「他のクラスの人や先生に見つからないように」という指示は、そういう性格をもっているんじゃないかと思います。

ただ、ここで重要なのは子どもたちがもっている〝遊び〟への主体性・積極性を奪わないようにすることです。教師＝「教える」／子ども＝「教わる」という関係が強くはたらく中で、〝遊び〟方を教えるというのは相当困難です。本来、楽しく遊ぶことを指示されることほど嫌なことはありません。そこでもうひとつ僕自身が注目したいのが、「メディア」の問題です。どんなメディアを使って遊ぶか、あるいはどんなメディアを作って遊ぶか、という点です。

たとえば「他のクラスの人や先生に見つからないように遊びましょう」ということの実践においては、それが「ホームルーム」という時間に行われたということが、ひとつの「メディア」になっているのではないでしょうか。伊藤先生もおっしゃるとおり、「メディア」とは「何かと何かをつないでいく仕組み」です。あるいはコミュニケーション活動が起こっている土壌、ともいえます。さきほどの〝学校〟／非〝学校〟の対立構図で考えれば、「ホームルーム」という時間はどこか〝学校〟と非〝学校〟の境目に位置し、それをつないでいるようなところがあります。教科学習の時間とは捉え方が違う。教師にとっては同じ学校教育活動の一環だとしても、子どもたちにとっては、学校内の時間でありながら、「勉強するところ」からちょっと離れた自由度の高い時間でもある、という場なんですよね。そうした場だからこそ、「〝遊び〟

方を教える」というパラドックスを孕《はら》んだ教師の実践も、理解がされやすかったのではないでしょうか。

〝学校〟と非〝学校〟のあいだで

これは、前述の「学年だより」の例を見ても同じことがいえます。僕がイタズラ書きをした「学年だより」は、紛れもなく〝学校〟のモノではありますが、一方で学校と家庭とを結ぶメディア（＝〝学校〟と非〝学校〟の境目に位置している）でもあります。このように「学校遊び」においては、それが実践される場・メディアの選択がとても重要なのです。

前回の手紙に書いた「スクール・メディア・リテラシー」というのは、そういうメディアを適切に選び、上手に使える力だといえます。これは教師にとって必要な視点だと思います。〝学校〟と非〝学校〟の境目になり得る存在をメディアにして、そのメディアを使った遊びを形にする――その「学校遊び」は、きっかけを与えないと子どもたちからは手が届かない遊びなのではないでしょうか。

ただ、注意をしなければならないのは、当時の僕たちは結構遊び方が上手だった、ということです。つまり、「他のクラスの人や先生に見つからないように遊びましょう」という指令に対して、実際に最後まで見つからないようにしたし（教師たちはお見通しだったかもしれませんが）、「学年だより」に部活のことは書いても、たとえばあからさまに誰かを中傷するような記事は書かなかった。つまり、その遊びが無事に完遂されるよう、僕たちも工夫していたんです。

その意味で、「学校遊び」においては教師のセンスも必要ながら、子どもたちのセンスも必要なんですよね。じゃあそれをどうやって磨いていけばよいのかといえば、それはもう経験や関係を積み重ねるしかない。よく考えると、当時の「学年だより」（〝FRIEND〟というタイトルでした）のロゴは生徒がデザインしたものを使い、同じく生徒による四コマ漫画が掲載されているときもありました。すなわち、O先生はもともと「学年だより」というメディアへの生徒の参加をかなり意識していたんですね。それもまた「学校遊び」のセンスを互いに磨くための、周到な〝伏線〟だったのかもしれません。

今日は自分の中学時代の経験を思い出しながら、「スクール・メディア・リテラシー」ということについて考えてみました。次に同窓会が行われるときは、自分のそんな分析についてO先生や同級生に直接意見を聞ければとも思っているところです。次の手紙では、自分自身が考えてやってみた実践についても書きたいと思います。それでは。

（二〇〇八年一一月二五日）

「自由」の獲得には長い時間と努力を要しますが、それを壊して「管理」を進めるのは、案外一瞬でできるのかもしれません――伊藤哲司

山崎さん

秋深まり、もう冬の入口までやってきましたね。この往復書簡が始まったのは、夏の盛りの直前ぐらいですから、けっこうな時間がたちました。日々忙しくしていると、季節の変化にさえ気づかないような時間の過ごし方をしてしまいがちです。しかしどんなに仕事がたてこんでも、忙殺され思考停止に陥るようなことにだけはならないようにと、そんなことをいつも思います。風邪をひくこともなく、どうにか元気でやっています。

「記憶の文化」としてのビートルズ

それにしても山崎さんの中学時代、「ビートルズ」だったんですね。それにはちょっと驚きました。山崎さんが生まれる前の一九八〇年、ご存じだと思いますが、その年の一二月八日にジョン・レノンはニューヨークで射殺されてしまいました。高校一年生だった私は、その日のことをよく覚えています。同じクラスの友人が彼の大ファンで、「ジョン・レノンが殺されち

ゃったよ……」と、教室で嘆いていましたから。一九六四年生まれの私たちは、ビートルズ世代では明らかにありませんが、中学生になったらビートルズを聴くのが格好いいというような雰囲気がありました。私がギターの練習を始めたのも、ビートルズの影響が明らかにあります。あんなふうに格好良く弾いて歌ってみたかった。もっとも弾き語りでどうにか真似して歌えるようになったのは、ビートルズではなく、かぐや姫とか井上陽水とかでしたけどね。オノ・ヨーコと出会って平和運動にも心血を注ぎ、四〇歳の若さで亡くなったジョン・レノンは、今でもとても気になる存在です。

山崎さんの中学時代は一九九〇年代の半ばですね。山崎さんの学校が特別だったのでしょうか。それとも、ビートルズへの傾倒は、その時代でもけっこうあったのでしょうか。小倉虫太郎さんという方が、「記憶の文化と記録の文化」という話に触れ、とくに一九九〇年代、先頃逮捕された小室哲哉氏の音楽が日本の音楽界を席巻したことなどを指して、「考えてみれば、現在私たちが聞いている音楽と呼ばれるものは、ヒット・チャートやCDの売れ行きとして『記録』されるであろうが、大量に生産された後、ほとんど私たちの『記憶』として残らないまま消費されていく。高度資本主義における文化産業はますます『記録の文化』の優位によって、私たちの『記憶』を抑圧し、さらに消去する方向へと機能しているのではないだろうか」（東京新聞、一九九七年一二月一一日）と書いています。山崎さんの中学校での出来事は、その時代の風潮に抗《あらが》うようなところが感じられて、とても興味深いです。それ自体が、学校内での有益な実践のひとつという感じがします。ビートルズ文化そのものが、脱学校的なところがありますからね。

●先生への「いたずら」

それにしても、「他のクラスの人や先生に見つからないように遊びましょう」とは、またO先生も粋なことを言ってくれたものです。そしてまた、山崎さんたちも「学校遊び」に長けていて、その指令にしっかり応えていった。きっと山崎さんたち中学生にとってO先生は、とても魅力のある先生だったのでしょう。八月一六日に書き送った書簡（第3便）で、私の小学校五・六年生のときの担任の先生について書きましたが、私にとってのその先生と、山崎さんの文章から想像されるO先生の姿とが、少しダブって見えました。

私の担任だったその先生からの私たちへの指令は、「先生にいたずらしてもいいぞ」でした。そんなことを言われても、私たちもどうしたら「いたずら」になるのかよくわかりませんでした。授業の前に黒板消しをドアの間に挟んでおくとか、そんなマンガにでてくるようなことをしても、先生はそれをすぐに見つけてしまうわけです。「こんな下手なことにひっかからないぞ。もっと工夫してみな」と先生は言っているかのように笑っていました。そして次に私たちの誰かが考えたのが、授業の直前に教室の入口の外に、「手を使わないで入ってください」という張り紙をするというものでした。しかし先生は、隣の先生を呼んできてドアを開けてもらい、「先生は手を使わないで入ってきたぞー」と、私たちの前で胸を張ったものでした。

そのうちに、とんでもないことを考えるのが出てきて、先生の座る椅子におかれた座布団の中に画鋲を仕掛けたんです。これはさすがにまずいだろうと思ったのですが、私も含めて誰も止めることなく、先生は気づかずにそこに座ってしまって……。それでも先生は怒らなかったと記憶していますが、さすがに一線を越えてしまっていると、たぶん私だけでなく何人もの生徒が思ったのでした。

結局先生を唸らせるような「いたずら」がなかなかできなかった私たちだったのですが、一回だけあったんです。それは、黒板消しにちょっとした細工をするというものでした。チョークを消す部分にセロハンテープを一面に貼っておいたんです。授業が始まり、先生がいつものように黒板に文字を書き、そしてそのうちに黒板消しで消そうと思ったら、あれ、消えない……。僕らの「いたずら」で、先生が「うーむ」と唸ったのは、そのときだけだったかと思います。先生を相手に「遊ぶ」のが上手ではなかった私たちも、そのときはしてやったりというところでした。

いま思い返せば、先生自身が「学校」の枠に収まりきれなくて、私たちにけしかけては、一生懸命遊ぼうとしていたんじゃないかと思います。そして、遊びが下手な私たちを、盛んに刺激しようとしていたのでしょう。その先生にあるとき、どうしてそんな流れになったのか覚えていないのですが、「哲司は悪いことができないからいかん」なんて言われて、「先生を一発殴ってみろ」と言われ、教室で皆のいる前で、本当に先生のほほを一発殴ったことがあったんです。でも何だかあまり力が入らなくて、あとで友だちに、「もっと思いっきり殴ればいいのに、殴り方が下手だ。俺ならこうやってやる！」なんて、思いっきり殴るふりをしながら言われてしまいましたけどね。私が先生に「暴力」をふるったのは、後にも先にもそのときだけです。

教師の度量、生徒のセンス

山崎さんの話で、「学年だより」への勝手な書き込みを、そのまま印刷にまわしてしまうというエピソードも粋ですね。ただ、そんな生徒のいたずら心を受け止めるには、教師にもずいぶん度量が必要でしょう。山崎さんの言う「学校遊び」には、「子どもたちのセンス」を引き出すような「教師のセンス」が必要だなと私も思います。そうだとすると、そういう教師に出会えた生徒たちは幸せでも、そういう教師に出会えない生徒たちはどうすればよいのか。これだけ社会の管理化が進んでくるとますます、そんな出会いがない可能性のほうが高いのでは。「僕らのまわりには、そんな先生いないよ」という子どもたちのため息混じりの呟きが聞こえてきそうです。先生が誰であれ生徒の側から何かを仕掛けていく、そんな工夫はできないもの

今も昔も変わらぬ教室の風景

でしょうか。

ところで昨今私たち大学教員は、いろいろな高校へ行って大学の授業を模擬的にしてみせるという機会がけっこうあります。今年だけでも私は茨城県内外の一〇校近い高校に足を運びました。高校生たちの前に立ってみるというのもなかなか新鮮で、私はこの仕事が案外好きなのですが、すぐにわかるのは、生徒たちがその学校の中でどう過ごしているのかという雰囲気です。ずいぶん先生たちに押さえつけられおとなしくさせられているなというところもありますし、逆に緊張感がなさすぎで途中からおしゃべりするような生徒が出てきてしまうところもあります。

ところが先日行ったある高校では、生徒たちの物腰がとても柔らかく、校長自らが「自由な校風」と説明したとおり、生徒たちが自発的に動いている様子がよく見て取れました。生徒たちはみな柔和な表情で、私の話もよく聞いて、よく反応してくれました。自分が通っていた高校に雰囲気が似ていて、懐かしさすら感じたほどです。チャイム代わりに流れるのが「エリーゼのために」。先生の一人に尋ねてみると、いつからそうなったかわからないけど、かつての生徒たちが変えたのではないかとのこと。制服も実質的に廃止されているようで――それもかつての生徒が勝ち取ったものらしい――、私服姿の高校生たちが、とても魅力的に見えました。

こういう「自由」を獲得していくのは、けっこう長い時間をかけての努力を要するものなのかもしれません。そしてそれを壊して「管理」を進めるのは、案外一瞬でできてしまうような気がします。きっと、維持するのが大変な「平和」と、あっという間に起きてしまう「戦争」との関係に似ていますね。「自由」な雰囲気を、学校という枠組みの内外で作り出していく工夫、それも教師に必ずしも依存しない工夫を、考えてみたいものだと思います。現実にはかなり難しいことではありますが、大人たちにはあまり期待ができないかもしれませんから。

さて今回は、山崎さんが書いたエピソードに触発されて書きましたが、「スクール・メディア・リテラシー」には触れないままにしてしまいました。「学年だより」が、「何かと何かをつないでいく仕組み」であるメディアの一種だということは了解できます。しかし、O先生の指令がどう「スクール・メディア・リテラシー」に結びつくのか、今ひとつピンとこなかったのです。「メディア」という言葉は、普通はラジオとかテレビとか新聞とか、そうした形に見える仕組みや物を指しますから、そうした具体物に限定して「メディア」という言葉を使ったほうが、思考の整理ができるのではと思いますが、いかがでしょうか。

久しぶりに「イマジン」など、ジョン・レノンの歌を聴いてみたくなりました。彼の死後三〇年近くたっても、まったく色褪せない記憶の音楽ですね。ジョン・レノンの心地よいメロディーと歌声を心の中で響かせながら、山崎さん自身の実践をさらに読ませてもらうのを楽しみにしています。

（二〇〇八年一二月四日）

メッセージを伝える場である「メディア」は、いわゆるマスメディアだけでなく、身の回りにもたくさんある——山崎一希

伊藤先生

相変わらずの筆不精、お許しください。気づけば年が変わって二週間が経とうとしています。遅ればせながら今年もよろしくお願いします。

思いがけずジョン・レノンの話で盛り上がりましたね。去年の一二月八日も、まるで習慣をこなすように自分の担当番組で彼の曲をかけました。ジョン・レノンや奥さんであるオノ・ヨーコから教えてもらったことは多いのですが、そのひとつが「現代アート」です。僕は現代アートの展覧会に出かけるのが好きで、地元の「水戸芸術館」というミュージアムでも以前ボランティアをしていました（その話はあらためて紹介するつもりです）。現代アートの作品の多くは、社会を新しい視点で読み解くヒントをユーモアたっぷりに示してくれます。クスリと笑える作品に出会うと気持ちよく、作品を体験したみんながいっしょに楽しく「逸れていく」感覚を得ることができますね。

●「メディア使い」の育て方

さて、「スクール・メディア・リテラシー」に関するご指摘、ありがとうございました。確かにわかりにくかったな、と反省しました。今一度、自分の考え方を整理しなおしてみようと思います。

今回はまず、『高校生のためのメディア・リテラシー』（ちくまプリマー新書、二〇〇七）という本を紹介します。これは林直哉さんという、これまでいくつかの高校でメディア・リテラシー教育の実践に取り組んできた、現役教師の方が書いたものです。この本の中では、メディア・リテラシーを獲得した子どもたちを「メディア使い」と呼んでいます。魔法使い、剣術使いなどの「使い」です。林さんは放送部の顧問として、地域社会の問題を高校生ならではの視点・手法で取材し、発信する映像作品を生徒たちと制作してきました。本書ではそのプロセスを具体的に紹介しながら「メディア使い」の育て方が示されており、まさに「メディア・リテラシー」の教科書になっているのですが、僕が興味をもったのはその後半部分です。話題は映像作品を作る実践の紹介から、一気に学校そのものの変革へと展開していきます。

映像作品を通して地域社会の問題と向き合い、自分たちのメ

「メディア・リテラシー」とは言いますが…

ッセージを発信した生徒たち。彼らがその次に取り組んだのは、実は文化祭や卒業式といった行事でした。自分たちのメディア（放送）を使って「仲間と協働してニュースや作品を制作し、その結果を学校の外、社会に伝える」経験をした上で、その経験を学校行事にも活かし始めたのです。

これは、放送や新聞だけではなく、文化祭や卒業式といった場も「メディア」と見なせる――それを生徒たちが認識したということではないでしょうか。まず、「自分たちの文化祭・卒業式はこれでよいのだろうか？」と考え、次に「そもそも文化祭・卒業式とは何か？」という問いと向き合う。すると彼らは、文化祭・卒業式も自分たちのメッセージを発信する場＝メディアであることに気づきます。その上で、ではその「メッセージ」とは何で、それを伝えるメディアとして現行の文化祭や卒業式がふさわしいかどうかを検討する。そのようにしながら、文化祭や卒業式をよい「メディア」として育てていくわけです。ちなみに本書の中では、こうした取り組みの延長として自分たちの〝憲法〟制定にまで至った実践例も書かれています。

「メディア・リテラシー」再考

さて、この話をもとにあらためて「メディア・リテラシー」について考えてみます。まずひとつ、「メディア・リテラシー」というのは、情報を正しく受け取るための能力にとどまらず、発信する――「メディア使い」になるための力でもある、ということがいえます。さらにもうひとつは――僕自身はこちらが重要だと思っていますが――、メッセージを表現し、伝えるための「メディア」は、放送や新聞といったいわゆるマスメディアだけではなく、学校の特別行事のように身の回りにたくさん存在しているものだ、ということです。あるいは日常に接しているさまざまなものを「メディア」と見なし、活用する力をも「メディア・リテラシー」と呼ぶことができるのではないでしょうか。その意味で、「『仲間と協働して発信する』。これを実践できる環境は、何と言っても学校」という林さんの言葉はとても示唆的です。

このように、メディア・リテラシーを学んだ「メディア使い」たちには、既存のメディアの情報を読むこと・発信することにとどまらず、メディアとなるものを見つけたり作ったりする要素も必要なのです。「教科書」というメディアに対しては受動的で、一方で学級新聞には好き勝手なことを書き連ねる、というのではよい「メディア使い」とはいえないでしょう。「学校」という大きな営みの中に、いったいどんなメディアがあり、そしてそれを使って、誰にどんなメッセージを伝え、何を実現したいのか。あるいは実現させるためには、どのようなメディアを育めばよいのか――学校におけるこうしたメディア・リテラシー学習は、僕が述べた〝スクール・メディア・リテラシー〟のイメージにとても近いものです。

このように捉えると、「学校を語りなおす」実践をメディア・リテラシー学習として実現する、というひとつの具体策が見えてきます。現在の学習指導要領においても、国語科、社会科、あるいは「総合的な学習の時間」など、メディア・リテラシーを学ぶ機会は充分に設けることが可能です。まずはやはり、教師がそのようなカリキュラムを組み立てていくことが期待されます。

しかしながら、先生がおっしゃるように、そうしたセンスをもった教師に出会えれば幸せだが、そうでない場合はどうすればよいのか、という問題もあります。「生徒の側から何かを仕掛けていく」ことはできないか、ということですね。確かに難しい問題ですが、ここであらためて僕自身の経験を振り返ってみたいと思います。自らいろんなメディアを考えた、高校時代のお話です（もちろん、当時は〝メディア・リテラシー〟なんて意識はありませんでしたが……）。

たとえば「M先生ステッカー」。高校一年生のとき、担任だったM先生の似顔絵（右図参照）をモチーフにして、パソコンを使ってステッカーやマグネットを作ったんです。これがなかなかの好評で、僕も得意げにたくさん作っては、クラスメイトたちに配りました。そうするとノートや教室の掲示板など、あちこちにM先生のイラストステッカーが貼られます。教室中がデフォルメされた担任の姿に彩られるのです。

教師の似顔絵を描く――ということ自体は、たとえばおもしろくない授業でノートの端にイタズラ描きするなど、多くの人がやったことがあるに違いありません。しかし、それだけでは個人的な楽しみの域をこえません。せっかくなら、それをステッカーのように〝量産〟し、みんなで共有してみるんです。そうするとちょっと様子が変わってきます。〝茶化しつつも愛し

ている〟、そんな感覚的で絶妙な距離感をなんとなく共有し、互いに示すことができるんですね。挙句の果てにはM先生までも、「おいおい、担任で遊ぶなよ」と言いながら、こっそり「オレにもそのシールをくれよ」なんて耳打ちしてきたものです。

メディアを使ったコミュニケーション（メッセージの発信＝受信）において大切なのは、そのメディアが複数の人間の間で共有されていることと、メッセージがある種の関心（共感も反感も含む）を呼び得ることでしょう。「M先生ステッカー」は、その意味でひとつの〝メディア〟として成立しています。生徒が自分たちのメディアを作ったのです。

●現代アートの効用

今考えると、自分がこうしたメディアを作るにあたっては、書簡の最初に触れた〝現代アート〟という趣味がとても役立っていたように思います。そもそも子どもたちのサブカルチャーやカウンターカルチャーは、出発点からすでに学校文化に対するアンチテーゼを含んでおり、その表現も直接的なことが多い。そうなると、教師は抑圧するか無視するかしかないし、一方で生徒たちはサブカルチャーの輪の中に閉じこもってしまいます。でも、本来もっとうまいコミュニケーションがあると思うんです。そのキーになるのが、〝メディア〟の選択なのではないでしょうか。つまり、あるメディアを通して教師－生徒の関係を再構築する場合、教師を直接揶揄《やゆ》するような表現ではなく、むしろ教師と楽しく共有できるような表現、あるいはそれを可能にするメディアを選ぶべきなんですね。ですから、そういうメディアを選べるか、あるいは作ることができるか、そのセンスが生徒にも教師にも求められる。僕自身は、そういうものをジョン・レノンや現代アートから学んだのだと思っています。

そういえば数年前——大学三年のころでしたが——母校の中学校で現役生に「M先生ステッカー」の話をしたことがありました。その後、話を聞いていた女子生徒二人が僕の前に来て、「○○先生（二人の担任）のステッカーも作ってください」と言ったことを思い出しました。そのときは「僕が作るんじゃなくて、君たちがオリジナルのものを作ってみるといいよ」とアドバイスしたのを覚えています。でも、その生徒たちの反応はとても素直ですよね。実際「センスがなければできない」とだけ言っていても仕方がありません。今回は再び自分の実践を振返ったところで、次回以降はまた〝今日から誰でも始められる実践〟の可能性も探っていければと思います。それではまた。

（二〇〇九年一月一三日）

表現して楽しいと思えるためには、表現したことを受けとめ、共有し、共感して、一緒に楽しんでくれる他者が必要です——伊藤哲司

山崎さん

寒暖の差の大きい日々が続いていますね。二〇〇九年になって初めての書簡、ありがとうございました。今年もよろしくお願いします。

大学では、卒業を控えた学生たちから卒業論文が提出され、また来年度に向けた入試が続いていくという年度末を迎えつつあります。以前はそうしたことに関する仕事を、それなりに忙しいながらも、ある程度はゆとりをもって進めることができました。近年は、国立大学が法人化され、やれ自己点検評価だの年度計画だのと、以前にはなかったことへの対応が強く求められ、それゆえに大幅に時間もとられ、結果として「遊び」の部分が著しく損なわれているというのが現状です。

物事を「きちん」とやらねばならないことになればなるほど、建前による形式的な仕事が増え、内実がかえって空疎になっていくことが多いようです。そうなってくると本当に虚しいで

すね。自分たちで自分たちの首を絞めているような気がしてなりません。昨年（二〇〇八年）は日本人のノーベル賞受賞者が複数誕生して話題になりましたが、彼らの優れた研究は、明らかに今の大学の状況とは異なる環境の中で行われたものです。日本の科学の先進性を誇る議論も湧き起こりましたが、あれがいつどういう状況で行われた研究なのかという事実に、もっと注意を向けるべきでしょう。

とはいえ、時代の流れ、それに現実はそんな簡単には変えられませんから、日々の忙しさに埋没してしまうことのないよう、私たちの社会がどこへ向かおうとしているのかを見極める俯瞰的な視座を、なんとかしぶとくもち続けたいと思っています。山崎さんとの往復書簡のやりとりは、そんなことの重要性をときどき思い返させてくれて、私にとってとても有益です。

●表現という営み

さて、前置きがずいぶん長くなってしまいました。紹介していただいた『高校生のためのメディア・リテラシー』、おもしろそうだなと思い、私もさっそく購入して通読してみました。山崎さんが紹介されていたとおり、高校の放送部の顧問をされている著者によるいくつかの勤務校での実践が紹介されていて、またそこに、高校生に対してだけではなく、教師に対してもヒントになるようなことがたくさん詰まっていて、とても興味深く感じました。

中でも私が「なるほど」と思ったのは、「『表現する楽しさ』を忘れていませんか？」という指摘です。著者は、「表現という営みは、頭からしっぽまでそろった四つの要素（引用者注：

「表現したいこと」「表現する方法」「作品」「伝えたい人」という要素）で成り立っている」るとし、「巷の塾や芸術教育の教室は、この中の『表現する方法』だけを身につけることを中心に教育プログラムが組まれている」と指摘しています。そのために、たとえばピアノ教室の発表会は「どれだけピアノを上手に弾けるかというテクニックのお披露目の場とな」ってしまったというのです。子ども時代からピアノを習っても、ほとんどの人がピアニストになるわけではないのですから、より大事なのは、ピアノを弾いて、誰かにそれを聞いてもらって、自分の演奏が伝わることを楽しむことなのでしょう。

ピアノ演奏に限らず、幼い子どもが何かをして「ねえ、見てみて！」などと言うことがありますね。ピアノで「猫踏んじゃった」が弾けた、クレヨンでちょっとおもしろい絵が描けた、鉄棒で逆上がりができるようになった……なんでも、「ねえ、見てみて！」とくる。そうした子どもの気持ちは、しかし「上手でなければ恥ずかしい」という雰囲気を察するようになったどこかの段階で、失せてしまうことがしばしばあるようです。私は小学生・中学生のころ、絵を描くのが好きではありませんでした。理由ははっきりしています。絵を描くのが下手で、それが恥ずかしかったからです。絵で表現すること自体のおもしろさを感じ取ることができるような機会があれば、もしかすると、テクニック的には大して上手になれなくても、絵を描くこととももう少し違うつきあい方ができたかもしれないなと、今では思うのです。

『高校生のためのメディア・リテラシー』の筆者が言う「メディア使い」になっていくため

には、メディアを使って表現すること自体が、そこに至るまでは苦しくとも、心から楽しいと思えるようになることが必須なのだと思いました。ただ私たちは、「一人きり泣けても、一人きり笑うことはできない」（中島みゆきの「With」より）、そんな存在なんですね。つまり表現して楽しいと思えるためには、表現したことを受けとめ、共有し、共感して、一緒に楽しんでくれる他者が必要だというわけです。

山崎さんもよくご存じかと思いますが、コミュニケーションの「コミュ」には、「共同の」とか「共通の」という意味があります。つまりコミュニケーションというのは、単に言葉のやりとりなのではなく、共同性を育んでいく過程という意味なんです。逆に、互いにいくら多弁でも、国会での審議などに典型的に見られるように、言葉が散らばるだけで、まったくコミュニケーションが成立しないということもあるわけです。私たちがいかに豊かな共同性を育む過程を作り出していけるか、すなわちコミュニケーションを生み出していけるか、メディアという問題を考えていく上でも、あるいはメディア・リテラシーの問題を考える上でも、とても重要だと思います。

そもそも「メディア」とは？

さて、その「メディア」という言葉について、前回私は、「『メディア』という言葉は、普通はラジオとかテレビとか新聞とか、そうした形に見える仕組みや物を指しますから、そうした具体物に限定して『メディア』という言葉を使ったほうが、思考の整理ができるのでは」と書きました。「メディア＝マスメディア」と捉えているわけではないのですが、今回山崎さんは、もっと広い意味で「メディア」という言葉を使っておられますね。『高校生のためのメディア・リテラシー』に触れながら、たとえば「文化祭や卒業式といった場も『メディア』と見なすことができる」と書いておられます。同書にも「（学校における）集会行事を一つのメディアととらえ……」という説明が出てきます。

ただ、何らかの場や物そのものが「メディア」ということではなくて、何かと何かを媒介する「仕組み」、コミュニケーションを生み出していくような「仕組み」がその場や物に付与されることによって――もちろんそのような「仕組み」を最初から担うものとして生み出された場や物というものもありますが――、初めて「メディア」と呼べるのではと思うのですが、いかがでしょうか。『高校生のためのメディア・リテラシー』の筆者も、同書の最初のほうで「メディア」について、「広い意味では、映像、音楽、絵画、舞台など、皆さんの伝えたいことを表現する方法や手段（媒介）のことを指します」と書いており、私の表現とは異なりますが、やはりその仕組みに注目した言及をしています。

そう考えたほうが、山崎さんの「メディアとなるものを見つけたり作ったりする」という視点が、よりよく理解できるように思います。通常は「メディア」と見なされていない「卒業式」や「M先生ステッカー」も、それらを、コミュニケーションを生み出していく「場」や「物」として機能させていくことを発見し、実際にそれを使っていくことが、それらを「メディア」として機能させるということですね。そして、そうした発見をし、なおかつそれを使いこなしていく力量が「メディア・リテラシー」ということかと思いました。さらに、そのメディア・リテラシーを身につけた人のことを「メディア使い」と呼べるのでしょう。そうしたメディアを発見し活用していく実践ができるなら、「学校」の中で、「学び、遊び、逸れていく」という、もともと山崎さんが主張されていた何かができそうです。

似顔絵もひとつのメディア

「M先生ステッカー」、これまたおもしろいですね。それを見て、今は中学生になった娘が小学生だったときのクラスのことを思い出しました。娘が小学四年生のときの先生は、サングラスをして一見どこかの怖いおじさんといった風貌で、自分を戯画化して描いた似顔絵——それ自体最初はたぶん先生自身が描いたのだと思います——を、教室の掲示物などいろんなところに使っていたんです。娘を含むクラスの生徒たちはそれをおもしろがって、自分でノートに真似して描いたりしていました。そしてそれが、先生と娘たちとの楽しいコミュニケーションを生み出すひとつのメディアとして機能しているようでした。そのような教室メディアが存在したそのときのクラスが、小学校時代の娘にとっては、たぶん一番楽しかったときなのではないかと、娘のあのころの表情を思い出して想像します。

学校の中でのそんな実践では、山崎さんの言うとおり、「むしろ教師と楽しく共有できるような表現、メディアを選ぶべき」ということ、それにセンスが重要だということもわかりました。現代アートには私は詳しくなくて、眺めても正直言って「よくわからない」ものが多いのですが、でも、その「よくわからない。でも何かおもしろい」というのが重要なのかもしれないとも思いなおしました。アートには、だからこそ言葉を喚起していくような、対話を生み出していくような、そんな力があるのでしょう。絵を描くこともアートなら、私も子ども時代に、「下手だから恥ずかしい、描きたくない」というのではなく、そんなワケのわからないおもしろさに触れながら楽しんでみたかったなと思います。

写真も“メディア”

高校生が作った「学校憲法」

現代アートのおもしろさを山崎さんに教えたのが、たとえばジョン・レノンだったというわけですね。山崎さんは、さいたま市にあるジョン・レノン・ミュージアムに行ったことはありますか。私はそこで、彼が紡ぎだした言葉の数々に二度、ゆったりと浸ることができました。ジョンが二一世紀がどんな世界になると予想したのか知りませんが、昨今の中東のパレスチナ・ガザ地区で起きているイスラエルとハマスとの武力衝突は、相も変わらず人間はこんな情けないことをやっているのかと思わせられるような事態で、さぞかしジョンも嘆いていることでしょう。アメリカでは、オバマ氏が「初の黒人大統領」に就任するということで異様に沸きたち、確かに歴史的なことには違いありませんが、しかし彼一人に期待しすぎという気がどうしてもしてしまいます。アメリカが多少は変わってくれることを私も期待しますが、世界を語りなおし、それをささやかにでも変えていくのは、一人のカリスマではなく、他でもない私たちだということを、いつも肝に銘じておきたいと思います。

山崎さんがすでに少し触れていますが、『高校生のためのメディア・リテラシー』の中で、「文化祭と卒業式の企画が深化」して、最後には高校生たちが自分たちの学校の憲法を作ったという話が紹介されていますね。全校生徒から集められたという二〇〇〇行の条文を、「第一条　自由に甘えず、自由を育てよう」から始まる五条の憲法にまとめ上げたとのこと。真面目な表現が続きますが、その最後が素晴らしい。

「第五条　購買のおばちゃんに感謝しよう。」

高校生たちの遊び心と温かい心根に触れた気がして、思わずニヤリとしてしまいました。それではまた。

（二〇〇九年一月二〇日）

いつものように保健室で語り合っていると、〝常連〟のひとりが「ここってカフェみたいだよね」とつぶやいたんです——山崎一希

伊藤先生

「メディア」という言葉についてのご指摘、とてもすっきりしました。確かに「場」＝「メディア」という定義では広すぎてイメージしにくいですね。それよりも、さまざまな「場」にコミュニケーションが成り立つ仕組みを付与することで、「メディア」として機能させていく——そんな流れとして考えるほうがわかりやすいと思います。どうもありがとうございました。

あらためてまとめると、学校に存在しているさまざまな「場」「物」を、ちょっとした工夫で「メディア」に作り替えてしまうことが、「学校を語りなおす」実践のポイントになるわけですね。ならばまずは、その具体的なテクニックを……といいたいところですが、ここは慌てないでおきたいところ。というのも、先生が前回の書簡で林さんの本から引用してくださった「表現」の四つの要素——「表現したいこと」「表現する方法」「作品」「伝えたい人」というのが、ここでも大切になってくると思うんです。「表現する方法」にばかり注目して先を急ぐの

はやはり禁物。そこで今回はまず、一番目の「表現したいこと」から考えたいと思います。

「表現したいこと」を探す試み

「メディア」を通して「表現したいこと」。「学校を語りなおす」というこの往復書簡のテーマに沿うなら、どんな内容からどんな内容へと「語りなおす」のか、ということですね。

「語りなおす」という場合、その背景には何かしらの不満が前提となっているといえますが、じゃあその「不満」とは？……というと、これは人によってバラバラなんですね。でも「反」学校という感情は、なんとなく共有しているようにも思います。ではその不満に対し、どんな理想に向けて「語りなお」していくのか。これがまたよくわからないのです。「理想の学校」「行きたい学校」のイメージは、学校への不満以上に共有しがたいのではないでしょうか。つまり、僕たちが「メディア」を通して「語りなお」したい内容＝「表現したいこと」って、実はよくわからないんです。

ここでちょっと思い出したのが、数年前に話題になった「新しい歴史教科書をつくる会」という組織を研究したある論文です（小熊英二・上野陽子『〈癒し〉のナショナリズム――草の根保守運動の実証研究』慶應義塾大学出版会、二〇〇三）。「つくる会」の歴史教科書は、自虐的歴史観への批判の立場で書かれた内容により、さまざまな議論を呼びました。上野陽子さんは、この「つくる会」の集会のフィールドワークを行っているのですが、それによると「つくる会」の会員たちは、「反」サヨク・「反」朝日新聞といったアンチテーゼとしての共通基盤で結集しながら、一方で「反」ではないアイデンティティ（自分は〇〇である）はもっていなかったそうです。「反」〇〇というアイデンティティは表明できても、「自分は〇〇である」とは明言できない――この心性はなんとなく、今回話題にしている「反」学校についても当てはまるのではないでしょうか（ちょっと乱暴でしょうか……伊藤先生にもご意見を伺えればと思います）。

いずれにせよ僕が言いたいのは、「学校を語りなおす」にあたっての「表現したいこと」、その内容はかなり曖昧だということです。というか、逆に曖昧だからこそ表現がうまくいかないのだし、わざわざ「語りなおす」実践について考える必要がある、ということだと思うんですね。したがって、まずはモヤモヤした「不満」と一方での「理想」の学校イメージを、少しでも明確にすることから始めたい。ところが、実はそれが一番難しいのだと思います。広がりをもたせながら明確にするだけの材料が揃っていないのです。

論じるための〝材料〟はどこに？

夏の書簡でも触れましたが、『金八先生』にせよ『ごくせん』にせよ、あるいは報道にしても、僕たちが「学校」を論じるための土台になりそうなイメージはマスメディアに溢れているような気がします。でも実は、それらは「学校」という営みのほんの一部（ときにはゆがめられている）を記号的にしか表現していなかったりする。その意味では、「学校を語りなおす」内容も言葉も、基本的には貧困なんですよね。たとえば、「キーン、コーン、カーン、コーン」というチャイムだけを聴いている子どもたちは、その代わりに「エリーゼのために」が流れる教室なんて、想像もつかないでしょう。なかにはチャイムそのものをなくした学校だってあるというのに、です。これでは、ボキャブラリーも材料もほとんどない状態で「学校」を論じ続けている、と言いたくなってしまいます。あるいは論じ続ける場さえ少ないのかもしれませんね。

そう考えると、これは単に自分たちの「学校」という枠組みの中で議論を進めていても仕方ないと思うんです。ただこういうふうに書くと、「じゃあ、学校にも民間企業の視点を」みたいな話になったりする。実際、民間企業の社員が学校の校長になり、企業経営をもちこむ、という例はここ数年多く聞きます。でも僕が言いたいのは、そんな短絡的な話ではありません（個人的には「学校教育」に「企業経営」は馴染まないと考えていますし）。もっと柔軟なイメージが大事なんです。通常僕たちが「学校」とは反対のイメージで接している物事を通して、今一度「学校」を捉えなおすような、そういうアイディアが必要です。

僕がそんな考えに至ったのには、実はあるきっかけがあったんです。それは今から七年前……僕が高校三年生だったときの一月のこと。学校はいわゆる「進学校」だったので、学校の授業はほぼ試験対策や模試の時間へと替わりました。そんな中、僕は書類と面接で受験するAO（アドミッション・オフィス）入試ですでに合格が決まっていたため、教室にいるのがおもしろくなく、校舎内をフラフラしていました。だいたいは図書室か美術室にいたように記憶していますが、あるとき保健室へ行こうと思い立ったんですね。

これといって身体にも心にも悩みがなかった僕は、在学中ほとんど保健室を利用したことがありませんでした。そもそも消毒の匂いがあまり好きじゃなかったのかもしれません。ちょっとドキドキしながら立ち寄った保健室。そこには、僕と同じように教室から逃げてきた（？）生徒たちが何人かいて（ときどき教師もいた）、養護の先生とまったり話をしていました。他愛のない話題で談笑することもあれば、ときには本気で「学校をこうしたい！」という議論をすることもありました。そうして保健室ではタダでお茶を飲めることを知った僕は、その後足しげく通うようになりました。

そんなある日、いつものように保健室で語り合っていると、〝常連〟のひとりが「ここってカフェみたいだよね」とつぶやいたんです。確かに、日常の学校生活に疲れた生徒たちがなんとなく集まりお茶を飲む――そんな保健室はまるで「カフェ」のようでした。そうして話を進めるうちに、「うちの学校にもカフェを作ろう」ということで盛り上がり、ついには「スクール・カフェ・プロジェクト」というプロジェクトが結成されることになりました。

●「学校」と「カフェ」

ここで注目してほしいのは「学校」と「カフェ」という二つのイメージです。実はこの後、一〇代だった僕たちは「自分たちでカフェを作るのは難しい」という現実にぶち当たり、挫折を味わいます。でもその代わり僕の頭に浮かんだのは、「そもそもどうして学校がカフェじゃないのか？」ということでした。「カフェ」＝「心地良い場所」。でも「学校」はそうじゃないようだ。でもそれはどうして？　じゃあ、どうすれば「学校」が「カフェ」になる？　これは僕にとって重要な問いになり、大学の研究にまでつながりました。

前述したとおり、学校の「不満」や「理想」を考える材料は少なく、なかなかイメージが広がらないし、どんなアクションを起こせばいいのかもわからない。でも、「学校」から離れて「カフェ」というコンセプトをもちだすと、そのイメージはちょっと膨らみ、なおかつ具体的になります。「学校は心地よくない」→「心地よい場所とは？」→「カフェ」→「学校をカフェにしよう」というふうに考えてみるんですね。そうすると、この「カフェにしよう」というのが、「学校」という場で「表現したいこと」になってきます。じゃあそのための「表現する方法」は？――コーヒーを出してみる、学校の机にランチョンマットを敷いてみる、まずは教師と話すためのテーブルを置いてみる……などとアイディアが湧きやすくなると思います。冒頭で触れた「メディア」という観点でいえば、「カフェ」としての「学校」という姿を伝え、実践するための「メディア」を学校の中に作り出していく、ということになるでしょうか。

母校にカフェを作るという目標はまだ達成していませんし、たぶんずっと達成しないでしょう。でも、こんな議論を進めていれば、そのうち我が家の近くの学校が「カフェ」になる日が来るかもしれません。伊藤先生、そのときはいっしょにお茶をしながら、あらためて学校を語りなおしましょう。それでは、今日はこのへんで。

（二〇〇九年一月二五日）

「表現したいこと」が必ずしも先にあるのではなく、「語りなおす」という実践を通してそれが明確になっていくのだと思います――伊藤哲司

山崎さん

今回の書簡も興味深く読みました。学校にカフェができたら、確かにちょっといい感じかもしれませんね。「カフェ」ってそもそも何だろうと考えてみたのですが、単にコーヒーや紅茶を飲む場所ではなく、ちょっとリラックスしながらそこで一人読書をする、友人とおしゃべりする、何となく時間をつぶして考え事をする……等々、いろんな機能がそこに付随的に生まれうる場所だと思います。もちろん漂ってくるコーヒーの香り、流れてくる音楽なども重要な構成要素でしょう。それらは、通常の「学校」にはないものだからこそ、山崎さんが「『学校』とは反対のイメージで接している物事を通して、今一度『学校』を捉えなおすような、そういうアイディア」の例として挙げられたのだと思いました。

もし学校に○○があったら……

ところで、先日たまたまテレビを見ていたら、学校の給食の時間がとても短くて、実質食べ

る時間が一五分ぐらいしかなくて、それゆえに早食いをする子、食べるのが遅くて食べきれない子がいるというニュースが流れていました。それを隣で見ていた中学校一年生の娘が、「そうそうそう！」といたく同意するので、あとで聞いてみたら、給食を食べる時間が同じように短すぎるとのこと。「食育」なんてよく言われているのに、子どもたちはゆっくりと給食を食べる時間もないのかと思った次第です。どうして給食の時間をそんなに切り詰めて学校のカリキュラムを組むのでしょうね。まあいろいろと事情はあるのだと思いますが、たった五分一〇分延長すればすむことなのですから、十分再考できることなのではと思います。

給食をゆっくり食べ、そのあとさらにカフェに行って休める時間がある……そんな学校があったら、子どもたちの心身の状態はかなり落ち着いた方向に変わるのかもしれません。もっともカフェを求めるのは、もしかすると高校生あたりからかもしれませんけどね。中学生ぐらいだと、ほしいのはゲームセンターとか、そんなところでしょうか。こちらはカフェ以上に実現しそうにありませんが、空想してみるくらいは許されてもいいでしょう。

実現可能性はちょっと置いておいて、「学校に〇〇があったら」というアイディアは、いろいろ考えられそうです。「学校にカフェがあったら」「学校にゲームセンターがあったら」「学校に遊園地があったら」「学校に映画館があったら」「学校にマッサージルームがあったら」……。子どもたちに聞いたら、もっといろんなアイディアが出てきそうです。そしてこうして浮かんでくるアイディアは、山崎さんの言うように「『学校』とは反対のイメージ」のものですね。つまり、現実の「学校」にはない何かを求めていきたいというぼんやりとしたアイディアは、子どもたちだけでなく、かつて子どもたちだった大人たちの間でも、あるいは教師たちの間でも、ある程度共有可能なのではと思いますが、いかがでしょう。カフェがほしいと本音では思う教師も、けっこういると思うんです。

今回山崎さんは、「じゃあその『不満』とは？……というと、これは人によってバラバラなんですね。でも『反』学校という感情は、なんとなく共有しているようにも思います。ではその不満に対し、どんな理想に向けて『語りなお』していくのか。これがまたよくわからない」と書いていましたね。確かにそうなのかもしれません。しかし現実の学校に何らかの「不満」を感じるからこそ、山崎さんも私も、この「学校を語りなおす」というテーマを掲げ語りつつあるわけです。語るためには当然言葉が必要で、私たちがいかに語るための豊富な言葉（ボキャブラリー）をもてるかというのが、大きなポイントではないかと思います。そうした言葉を獲得していくためには、単に単語を覚えるという話ではないわけですから、語るという行為の中でしか言葉も豊かになっていきません。

「語りなおす」という方法論

「メディア」を通して「表現したいこと」が必ずしも先にあるのではなく、「語りなおす」という実践を通して、「表現したいこと」も明確になっていき、なおかつそれを他の人と共有できるようになっていけるのだと思います。それは山崎さんが、「逆に曖昧だからこそ表現がうまくいかないのだし、わざわざ『語りなおす』実践について考える必要がある」と書いたことに通じています。この往復書簡の一番の意義というのは、「学校を楽しくするアイディアを読者に提供する」ということではなく、「学校を語りなおすということの有益さを示す」ことにあるのでしょう。

さらに言えば、「〇〇を語りなおす」という方法論――あえて方法論と呼ぼうと思います――は、なにも「学校」に限らず、いろんなことに応用ができそうです。「子育てを語りなおす」「家族を語りなおす」「地域社会を語りなおす」「仕事を語りなおす」等々、私たちが日常的に携わっている場やそこでの営みを、「語りなおす」ということで、ちょっと今までとはズラして見てみる。これはすなわち、私が「常識を疑ってみる」という表現でやろうとしてきたことと、とても近似性があることに気づきました。ただちょっと違うのは、「〇〇を語りなおす」のは、一人でやる営みではなく、明らかにそこに語りあう相手がいて、対話やコミュニケーションが想定されているということです。

「どんな理想に向けて『語りなお』していくのか。これがまたよくわからない」ということですが、その「理想」も、あらかじめあるというよりは、それ自体が「語りなおす」という営みの中で見えてくるものなのかもしれません。何か不満があって、それがぼんやりとしているとしても、「語りなおす」中でそれが何かを明らかにして、そしてどんな「理想」を見出していくのかということを「語りなおす」中でまた見出していこうという感じかなと思いますが、いかがでしょうか。

山崎さんは「『反』学校」という言葉を今回使っていますが、それは学校全体を「反」学校なるものにしようという意図では必ずしもないのでしょうね。「どうすれば『学校』が『カフェ』になる？　これは僕にとって重要な問いになり、大学の研究にまでつながりました」と書いている部分、具体的に知りたいと思いましたが、現実的には「学校」という枠組みの中に「『反』学校」的な部分を作っていくという発想をされているのかと思いました。「学校にカフェを作ろう」というのと、「学校をカフェにしてしまおう」というのとでは、一見似ていますが、大きな違いだと思うのです。実際、通常の「学校」がもっている規制をすべてひっくり返したような「『反』学校」的な学校がすでにあるとも聞きますが、それゆえの問題もまたありそうです（そのあたり山崎さんは詳しそうですね。ぜひ教えてください）。

以前に、私たちが目指すべきは「革命」ではないということを書きました。その考えは今でも変わっていません。つまり「『反』学校」を作りたいわけではないということです。今回の書簡の最初に、給食時間の短さの問題を書きましたが、給食というシステムそのものは、なかなかによくできているし、そこにいろんなアイディアを加えていくこともできると思うんですね。それに、「購買のおばちゃんに感謝しよう」に似せて「給食のおばちゃんに感謝しよう」という「憲法」を、先生からの押しつけというのではなく子どもたちが生み出せたら、これまた本当に素敵だなと思います。もっとも、そんなふうに大人の期待するようには、子どもたちはなかなか動いてくれないものかもしれませんけどね。

●「アンチ」を叫ぶ前に

「『つくる会』の会員たちは、『反』サヨク・『反』朝日新聞といったアンチテーゼとしての共通基盤で結集しながら、一方で『反』ではないアイデンティティ（自分は○○である）はもっていなかった」という部分も、興味深く読みました。二〇〇八年九月二四日の書簡（第5便）に私は、「『敵』を想定することによって成り立つ運動——労働運動がすべてそうだと言うつもりもありませんが——に、私はあまり魅力を感じません」と書きましたが、それにも通じる話だと思います。「〇〇反対！」と叫ぶことは、誤解を恐れずに言えば簡単です。でも、「では代案は？」と問われたら、あるいは「あなたがその立場だったら何をするのか？」と聞かれたら、反対を叫ぶ人に答えられるかどうかははなはだ怪しかったりするわけです。

「学校」の中に「『反』学校」のアイディアを組み込むことを考えてみるというときの「『反』学校」は、たしかに「学校」なるものに依拠してはいます。しかしそこには、「学校」の枠組みの内側から、その枠組みの中でより豊かでおもしろい場を作っていこう、あるいはメディアを作っていこうという発想が根底にあるはずですから、「『反』〇〇という アイデンティティは表明できても、『自分は〇〇である』とは明言できない——この心性はなんとなく、今回話題にしている『反』学校についても当てはまる」とは、私は必ずしも思わないのですが、いかがでしょうか。アンチだけでアイデンティティを語っているという構図ではなく、アンチなんだけど、取り込んでしまえるアンチをという構図だと思うからです。

「メディア」については、共通理解が得られたようでよかったです。「学校に存在しているさまざまな『場』『物』を、ちょっとした工夫で『メディア』に作り替えてしまうことが、『学校を語りなおす』実践のポイントになる」という点、それだけではないとは思うので、最後の部分を「ポイントのひとつになる」と言い換えさせてもらえるなら、そのとおりだと思いました。この「メディア」という観点は、以前の私にはまったくなくて、山崎さんと出会い、こうして書簡を交わしあう中で得られたものなので、「学校」について語るための言葉がひとつ豊かになったような気がしています。

ところで大学での私のゼミを、十数年前に大学教員になってからずっと、「茶話会」と称しています。文字どおり「お茶を飲みながら話す会」です。私の研究室には、これは山崎さんも来られたことがあるのでご存じですが、一〇人ぐらい座れる円卓が置いてあります。茶話会は、この円卓を囲んで行われます。そして私のゼミは、私自身が心理学の教員でありながら、あまり心理学に見えないようなことをやっているせいか、「心」に強く関心を抱く心理学専攻生にはちょっと不評でして……。でも一方で、哲学専攻の学生や国際関係論専攻の学生など、あるいは他学部生や留学生など、集う学生は多彩なんです。そしてさまざまな意見が飛び交います。山崎さんに「カフェ」と言われて、ああ自分自身、自分のゼミをずっと「カフェ」にしようとしてきたのかなと思いなおしました。

この円卓で「茶話会」ゼミがもりあがる

大学ではまだそんなことができますが、より枠組みがガチッとしている小中高の学校にも「カフェ」的な場を作るには……、またぜひアイディアを聞かせてください。

（二〇〇九年一月三〇日）

Session 3

子どもと大人の「心と身体」を語りなおす

――「心のノート」をめぐる問題

「心のノート」からはみ出してみる。

「心を育む」という課題について子どもだけを対象に考えること自体、そもそもナンセンスなのです——山崎一希

伊藤先生

　さっそくのお返事ありがとうございました。前回のお手紙は勢いに任せて書いたこともあり、ちょっと乱暴なところがあったな……と思っていたのですが、先生が丁寧に整理してくれたので助かりました。とりわけ「『反』学校」に関する議論については、「アンチなんだけど、取り込んでしまえるアンチをという構図」という先生のご指摘に納得することができました。確かに「語りなおす」という実践は、「アンチテーゼ」を語り続けることではなくて、（アンチをも含む）アイデンティティが依拠している場と自分との関係を、常に更新し続けていく営みなんですよね。いやはや、あやうく僕自身がそこから離れるところでした。

●文部科学大臣の「五つの提案」

　さて、二月に入り多くの学校はこれから卒業シーズンを迎えます。そしてすぐに次の年度を迎えるわけですが、小中学校では平成二一年度（二〇〇九年度）から新しい学習指導要領が先

行実施されます。この新学習指導要領は、教育基本法〝改正〟を受け道徳教育で「国を愛する心」を育むことが明記されており、そのことが報道でも大きく採り上げられました。これに限らずこれまでの学習指導要領以上に「道徳教育」に重きを置いているようですが、先ごろ塩谷文部科学大臣が「『心を育む』ための五つの提案」を発表しました。「五つの提案」とは、①「読み書きそろばん・外遊び」の推進、②校訓を見つめ直し、実践する、③先人の生き方や本物の文化・芸術から学ぶ、④家庭で生活の基本的ルールを作る、⑤地域の力で教育を支える、ということ。なんだか、錆び付いた徳目を見ているような、情けない感覚に陥りました。それこそ「語りなおす」という営みとは対極にある、貧困なボキャブラリーの象徴のようです。これがどう「心を育む」のかさっぱりわからないし、伊藤先生ならきっと「心を育む」という言葉自体にも疑問符を投げかけることでしょう。

ここでちょっと確認をしておくと、学習指導要領における「道徳」というのは、国語や算数といった「教科」ではないのです。したがって検定を受けた教科書も存在しません。おそらく学校の「道徳」の時間にテキストを使っている人は多いと思いますが、あれは教科書ではなく、あくまで「副教材」です。つまり、本来「道徳」という時間は教科よりも自由度をもったものとして独立していたんですね。

ところが数年前、伊藤先生も以前触れられていた「心のノート」というものが登場しました。これはこれまで民間で作られてきた道徳の副教材ではなく、国がすべての児童に配ったものです。先生のほうがよくご存じだとは思いますが、このあたりから学校における「心」の捉え方は確実に変わってきたような気がします。少年犯罪やいじめの原因を子どもたちの「心」の問題に集約させ、それを「教育」しなければいけない対象と捉える——あまりにも単純化されたこの図式が、大手を振って教育行政を左右するようになったのです。

先の「五つの提案」をめぐり、塩谷文科相は「基本的倫理観や自制心、自立心を育てる取り組みは社会総がかりで実行する必要がある。家庭や地域社会に呼び掛けたい」と述べたそうです。確かに子どもたちの「心」という問題は学校だけでどうこうする話ではないと思いますが、かといってどこまで真剣に「学校」「家庭」「地域社会」の現状や役割を検討しているのか疑問です。

家庭だけでは子どもを支えきれない

鈴木聡さんという若くして亡くなられた教育学者がいるのですが、鈴木さんは『世代サイクルと学校文化——大人と子どもの出会いのために』（日本エディタースクール出版部、二〇〇二）という論文集の中で、このように述べています。

学校からはじき出された子ども・青年の問題よりも、むしろ、ストレスをかかえながら排他的な競争に耐えている「良い子」のもつ病の深刻さが広く指摘されている。しかも彼らにとっては、学校での縛り以上に、家族の縛りや緊迫が強くなっており、それが学校でのさまざまな「問題行動」を噴出させているという。その際の家族の縛りとは、それなりの自律性をもったかつての「教育家族」のもつそれとは、質が異なる。むしろ、壮年期・中年期の親世代自身のかかえこむ不安や葛藤の苛酷さが、ストレートに子どもに伝播しているかのようである。今日の家族は、個々に孤立したままでは、子どもが「病む」という事態をこれ以上かかえきれなくなりつつある。

つまり、問題は「家庭」の教育力とかそういうものではないんですよね。ましてや昨年末からの不況で少なくない労働者がリストラに見舞われている中、「壮年期・中年期の親世代自身のかかえこむ不安や葛藤」はますます「苛酷」になっているといえます。そうなると、「心を育む」という課題について子どもだけを対象に考えること自体、そもそもナンセンスなのです。

鈴木さんは子どもたちの〈移行期〉に注目をしています。高度経済成長期には、「家族と学校のまるがかえによるフルタイムの教育期間」である〈学童期〉から、「フルタイム雇用」の〈成人期〉というパターンが信じられていたものの、あるときからそれが通用しなくなった。多様な労働形態が生まれ、さらに〈成人期〉に対する不安が渦巻く中、青年の〈移行期〉という問題設定をする必要がある、ということです。しかし、「親－子」あるいは「教師－生徒」というタテの関係に閉じていては、この〈移行期〉を渡ることができない、というのが鈴木さんの考え方です。「現に自分たちが立っている足場に依拠しながら、同世代とのヨコの関係や、さまざまな大人たちとの『ナナメの関係』をつむぎだしながら、自らのライフイメージを模索しなければならない」というのです。その上で鈴木さんは、「スクールカウンセラーの導入による学校のセラピー機関化のきざし」についても、〈移行期〉を生きる青年を家族と学校の関係世界に封じ込めてしまう危惧がある、と指摘していて、これも興味深いです。

話をもとに戻すと、とにかく多くの問題を子どもたちの「心」に集約させ、それをコントロールしようという、きわめて乱暴な方向に国の教育が進んでいます。「教育勅語」の昔からある話とはいいえ、時代も研究も進んでいるというのにあまりにも慎重さを欠いています。そう考えると、いみじくも伊藤先生が前回の書簡で書かれた「語りなおす」ことの意味——「一人でやる営みではなく、明らかにそこに語りあう相手がいて、対話やコミュニケーションが想定される営みであるということ」はとても重要だと思うんですね。社会における子どもたちの状況、あるいは「心とは?」ということも含め、「語りなおす」コミュニケーションを始めて、そして続けることがまさに必要なのだと思います。

「心」は誰のものか

そこで再び「カフェ」の話です。学校の「カフェ」という志向性も「スクールカウンセラー」も、「癒し」「安心」という共通の目的をもっていると思いますが、一方で「カフェ」がオープンな場であることに対し、「スクールカウンセラー」はある種閉じた営みであるという違いもあります。単純な見方をするなら、「心」を社会のものと考えるか、それとも個人のものと考えるか、ということで方法論が全然違ってくるのでしょう。そんな前提で伊藤先生の「茶話会」の話を読むとおもしろいですね。ゼミで「茶話会」を開く伊藤先生は前者（「心」は社会のもの）の志向性、一方で（伊藤ゼミにあまり関心をもたない）「心理学専攻生」は後者（「心」は個人のもの）の志向性をもっているんでしょうね。

あらためて整理すると、「心のノート」や塩谷文科相の「五つの提案」は、学校での実践や家庭との関係、あるいは地域での教育に触れているものの、基本的には子どもたち個人の中に「心」を求め、それをコントロールしようという意図があるんですよね。でも実はその課題設定自体が、子どもたちを縛ってしまう。そうではなくて、「学校」－「家庭」にとどまらない、ヨコやナナメの関係を子どもたち自身が構築していけるような場をコーディネートすることこそ、本来は「心を育む」のに必要なのではないでしょうか。

「心」と「学校」。ここにもまた、「語りなおす」べきトピックが多くあるように思います。またもや文部科学大臣の発言に刺激されて、ついつい伊藤先生の専門分野に先におじゃましてしまいました。でもこうして自分で問題を捉えなおすことで、最初は思いつきでしかなかった「カフェ」という概念が、「学校」を語りなおすのに思っていた以上の可能性をもっていることに気づきました。次回は伊藤先生の「心」の講義をいただけることかと思います。それを受けながら、あらためて「語りなおす」実践についても考えていければ幸いです。

（二〇〇九年二月三日）

子どもたちが「いいこと書いてるなぁ」なんて感心したくなるようなときがあったら、そんなときこそ要注意なのかも——伊藤哲司

山崎さん

「心」の問題については、いずれ書かねばならないと思っていました。私の専門は社会心理学であり、まあ世間的にはこれでも心理学者の一人ですからね。でも、思い切って言ってしまえば、私は「〝心理学〟が嫌いな心理学者」なんです。勘のいい山崎さんなら、そう言っただけでその意味するところをすぐに汲んでくれると思いますが、より理解してもらうために、少し丁寧に書いてみますね。

救われたいのは自分自身

「〝心理学〟が嫌いな心理学者」にとって、心理学専攻の学生からゼミ選択のときにあまり興味を示してもらえないのは、いわば勲章のようなものかなと、ちょっと強がりではありますが、そう思っています。山崎さんがいみじくも「ゼミで『茶話会』を開く伊藤先生は前者（「心」は社会のもの）の志向性、一方で（伊藤ゼミにあまり関心をもたない）『心理学専攻生』は後者

（「心」は個人のもの）の志向性をもっているんでしょうね」と書いてくれたとおりです。かつて学生から、「私は心理学の授業を取りにきたのに、どうして先生はベトナムの話ばかりしているのですか？」と――「ベトナムの話ばかり」していたわけではないのですが――、授業の感想に書かれたこともあります。

心理学専攻を志望する多くの学生の興味は、「心の病」とか「犯罪者の心理」とか、そういった「病んだ心理」「異常な心理」にあります。そうした「普通」ではない「心理」を学ぶことを通して、できればそのような状態にある人を救ってあげたいと、どこかで考えていたりするようです。同時に、自分は「普通」の側にいることを確認したがっているようでもあります。将来就きたい仕事は心理カウンセラー。でも、そうした学生たちは、かつて自分自身も何らかの「心の病」で苦しんだという経験を有していることが多く、そんな自分だからこそ、そうした人の「心」が理解でき、何か役に立つことができるかもと思っているようです。本当は、まず自分自身が救われたいのだろうなと、見えることが少なくないのですが。

そのような学生を批判したいというのではありません。そのような志向性を、心理学こそが助長してきたというところがあるからです。山崎さんが触れた道徳の補助教材「心のノート」を作成した中心には、文化庁長官まで務めた著名な心理学者の故・河合隼雄氏がいました。その河合氏が、さらに十数年遡る一九八五年、臨時教育審議会の場で、「学校や家庭に心理学の導入を」という提案をしているのです。山崎さんが生まれたそのころ――私の学生時代のころ

――は、校内暴力などが社会問題化し、尾崎豊が「十代の教祖」と呼ばれたあたりと、だいたい重なっています。山崎さんが、「心のノート」ができたこと――小中学校で最初に子どもたちに配布されたのは、私の娘が小学生になった二〇〇二年度のことでした――に触れつつ、「このあたりから学校における『心』の捉え方は確実に変わってきた」と書いていましたが、その潮流の始まりは少なくとも一九八〇年代半ばにはあったというわけです。

大人たちはサボっている

「心のノート」のもつ問題点は、拙著『心理学者が考えた「心のノート」逆活用法』（高文研）で指摘したので、詳細はそちらを参照してほしいと思いますが、小学校一年生の段階から自分の「心」に注目させ、子どもたちを一見ソフトな言葉で包みながら、穏やかに「美しい心」や「国を愛する心」をもつことを強要していくところにあります。「心のノート」には、子どもたちが書き込む欄がいくつも設けられているのですが、それは事後に先生や親がチェックするものですから、子どもたちが思うままに書けるというものではありません。大人たちが望むであろう答えを子どもたちが察しなくてはならないのです。「よい子」と見られている子どもなら、なおさらそこで葛藤を覚えるのではないでしょうか。「心のノート」を実際に使った世代がもう大学生になっていますが、話を聞いてみると、そんなふうにして無難な答えを「心のノート」には書いていたという声を何人もの学生から聞きました。

ところで絵本作家の五味太郎さんが、『大人問題』（講談社）というエッセイの中で、こんなエピソードを紹介しています。

僕の友だちの教師が、市販のテスト問題を使って生徒に感想文を書かせたのを見せてくれたことがありました。その問題文の文章を要約すると、授業中に雨がザーザー降ってきて、お母さんたちが次々に傘を届けにきてくれる。でも、うちのお母さんはパートで働いているから来られない。お母さんもがんばってるんだから、わたしもがんばろうと思って、わたしは友だちの傘に入れてもらって帰りました、というようなやつです。

で、その感想を五十字以内で述べなさい、という解答欄に「べつに。」と書いた子がいました。しみじみします。まったく同感です。だって、たかが雨が降って、傘があったりなかったりで、まさに「べつに。」は妥当な線です。五十字以内すぎるキライはありますけれど。ぼくの教師の友だちはまあ出来るやつだから、「これ参っちゃうよ、いい点数つけるしかないんですよね」って。でも、そんな教師って、まずいません。

その市販のテストについている教師用の模範解答が、また気持ち悪いものでした。女の子がお母さんの気持ちを考えて、さみしいのを我慢したことに感動しましたとか、傘に入れてくれ

一つの傘の下でも「心」はそれぞれ

た友だちの優しさに感動したとか。つまり、子どもたちは、その線でサボっている大人用の答えを模索しなくちゃいけないわけです。

このことが、そっくりそのまま「心のノート」にも当てはまるのではないかと思うんです。ですから教師として「心のノート」を使った授業をやったとして、子どもたちが「いいこと書いてるなぁ」なんて感心したくなるようなときがあったら、そんなときこそ要注意なのかもしれません。大人たちの「心」を見透かすような子どもたちの「心」、そこでどんな「心」が育まれていってしまうのか、そういったことにもっと注意を払っていく必要があるのではないでしょうか。

五味さんは続けてこう書いています。鋭い指摘だと思います。

人間の精神活動の一つの手段としての言語とか文章とか、かなり重要なものを背負っているはずの国語、言語の学習というフィールドを、まったくサボって設定している。そこで学習するのは何かといえば、期待される「サボるための答え」を覚えるという以外あり得ません。

山崎さんがすでに、「『心を育む』ための五つの提案」を塩谷文科相が発表したことを紹介してくれましたが、それは私にとっても気になるニュースでした。そもそも国家が個人の「心」にまで言及してくること自体がうさんくさい。国家の中枢にいる人たちの情けない言動が伝わってくるたびに、「まず改めるべきはあなたたちの『心』なのではないのですか」と、皮肉っぽく言いたくもなります。もっともそう言えば、その言葉は大人の一人である自分自身にも跳ね返ってくるわけであり、自分の身を安全な場所に置くわけにはいかなくなるのですが。

山崎さんの「『心を育む』という課題について子どもだけを対象に考えること自体、そもそもナンセンス」という意見に、もちろん私も賛成です。「子ども問題」は基本的に「大人問題」であり、「子どもは大人の写し鏡」なんです。そのことに私たちがやはり敏感にならねばならないと思うのですが、敏感に反応しているのはむしろ子どもたちで、大人たちの多くは、そのことに鈍感であるように私には思えてなりません。

「心のケア」の落とし穴

このように書きながら、私が「〝心理学〟が嫌いな心理学者」であり続ける所以《ゆえん》を、同じく「心理学者」である浜田寿美男さんの言葉に見出すことができます。浜田さんは、「そもそも心理学って何だ？」（『おそい・はやい・ひくい・たかい』No.16, ジャパンマシニスト社）というエッセイの中で、次のように綴っています。

人間はそれぞれの状況のなかを生き、その状況によってこころのかたちを成形されています。しかし、心理学者を名乗る人々の多くは、そのことの認識の不十分なままに、やたら「こころ」の部分だけを取りだして、それを操作し、評価して、あげくに傷ついたこころをケアしようとする。そういう傾きを強くもっているように思えてなりません。

ただ、そこまでいえば、私自身が心理学者であることをやめたほうがいいような気持ちにもなるのですが、それにもかかわらずなお私がその位置を手放さないのは、「状況のなかの人間」を考え、そこで不自由なこころのありようをみつめようとするもうひとつの心理学がありうるのではないか、またその不自由とつきあう別のかたちがあるのではないかと考えているからにほかなりません。

私もそうした「もうひとつの心理学」がありうると思っているし、そうした流れは実は心理学界の中にすでにいくつもあるんです。心理学者＝カウンセラーではありませんし、心理学者がみな「心のケア」をやっているわけでもありませんし。この往復書簡のテーマから離れすぎてしまうので、それについてはこれ以上ここでは立ち入りませんが、安易にテクニックや知識をひけらかすようなことではない、人の傍らに寄り添っていくようなスタンスを、そして「心のケア」なんて言葉を安直に使わない姿勢を、私自身、海外を含むいろいろな場所でフィールドワークを行う中で、努力して維持していきたいと思っています。

「学校の『カフェ』という志向性も『スクールカウンセラー』も、『癒し』『安心』という共通の目的をもっていると思いますが、一方で『カフェ』がオープンな場であることに対し、『スクールカウンセラー』はある種閉じた営み」という指摘は鋭いですね。もちろん、実際にはスクールカウンセラーの人たちも、彼らは彼らなりに、彼女らは彼女らなりに、現場で苦闘しているのかもしれないなとは思います。彼ら自身、彼女ら自身、そのような立場で学校にかかわることになってどんなことになっているのか、今後もその状況を知る努力をしていきたいと思っています。

今回の書簡の冒頭に、「『〝心理学〟が嫌いな心理学者』にとって、心理学専攻の学生からゼミ選択のときにあまり興味を示してもらえないのは、いわば勲章のようなもの」と書きました。でも、学生たちが興味を示してくれないのは、やっぱりちょっと淋しくもあるんです。そんな学生たちにも届く言葉をいかに紡いでいくかについては、常にちょっと頭を悩ませながら考えているところです。

今回の書簡では、山崎さんの問題提起を受けて、「心」の問題に特化しすぎてしまった感がありますが、「『語りなおす』という実践は、『アンチテーゼ』を語り続けることではなくて、（アンチをも含む）アイデンティティが依拠している場と自分との関係を、常に更新し続けていく営み」という私たちのスタンスを再確認して、さらに次の書簡へとつなげていきたいと思います。

（二〇〇九年二月一〇日）

「資質」を問うためと称して免許の更新制が導入され、教師はますます忙しくなっている。これはひどい悪循環です――山崎一希

伊藤先生

関東でも春一番が吹き、二月だというのにここ数日は気温が二五℃前後。春がフライングしてやってきたようです。そんな陽気も相まって、「〝心理学〟が嫌いな心理学者」伊藤先生の真骨頂を垣間見るような書簡を読んで気持ちがすっきりとしました。あくまでも心理学者として「心理学」を狭義の「心」から解き放とうというのは、まだまだ「心理学」の可能性を信じているからこそ生まれるスタンスなのでしょう。「心理学」を「学校」に替えれば、僕も全く同じスタンスです。

子どもも大人も一〇〇%のプレイヤー

五味太郎さんのお話、とても興味深く読みました。子どもには「サボる」ことをさせないくせに、大人たちは平気で「サボる」――言い得て妙、というか、自分自身も恥ずかしくなってしまうような指摘ですよね。先生がおっしゃるとおり、「『子ども問題』は基本的に『大人問

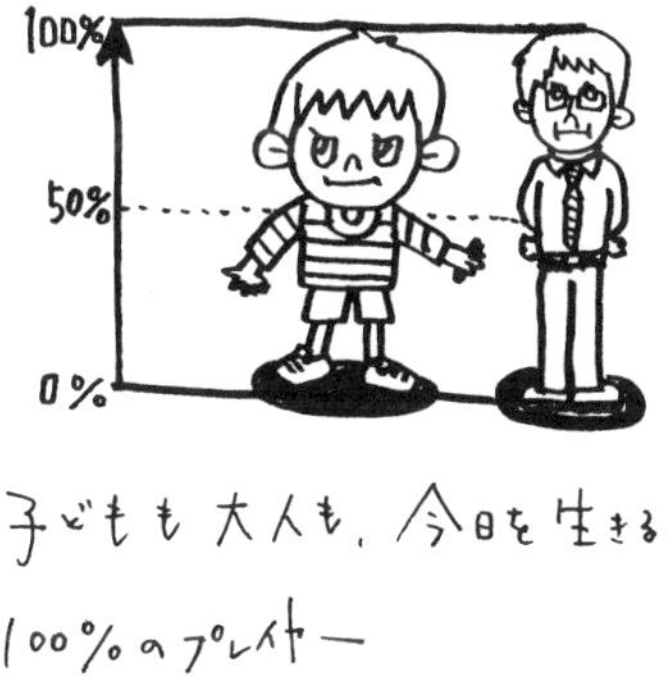
100%
50%
0%
子どもも大人も、今日を生きる
100%のプレイヤー

題』」なのだと思います。つまり、社会の問題に向き合っていくというフィールドにおいては、「子ども」も「大人」も一〇〇％のプレイヤーなのです。それなのに「『心』を育む」なんてことを言う大人たちは、自分たちだけを「一〇〇％」と疑わず、その上で子どもたちを「二〇％」とか「五〇％」の存在と見て、「一〇〇％」へと近づけることが「教育」だと信じているんです。なんて哀しい妄想なのでしょう。「サボる」大人たちこそむしろ「二〇％」です。

ただ、「『子ども』も『大人』も一〇〇％のプレイヤー」といっても、社会の諸問題をナマのまま子どもたちの目の前に提示すればよい、ということでもありません。たとえば昨今のトピックでいえば「格差問題」。世界の格差の状況や国内の失業状況について学ぶのはよいのですが、その際に気にかけておきたいのは子どもたち自身も現実に「格差」に触れている、という点です。森絵都さんの『永遠の出口』という小説には、主人公・紀子の小学校時代のストーリーとして、同じグループにいて遊びながら自分の家には紀子たちを招こうとしない同級生とのやりとりをめぐり、小学生自身がなんとなく「格差」という現実に触れていく場面が描かれています。おそらくこんな感じで、学校へ着ていく普段着にせよ、お弁当の中身にせよ、子どもたちは日常の学校生活の中で何かを感じとり、あるときはいじめに発展することもあれば、あるときは「見て見ぬふり」という所作を覚えていくのだと思います。子どもたちは子どもたちの「一〇〇％」で、それぞれの社会問題と向き合っているのです。日々の教育実践において忘れてはいけない点です。

●忙しすぎて「サボる」しかない

ところが、残念ながらサボらざるを得ない状況があるのも事実だと思います。先生が昨年夏の書簡で「軍隊の管理術」よろしく忙殺されていく教師の姿を書いていました。そうなんですよね、まさに忙しすぎて「サボる」しかなくなってしまうのです。それだって日夜遅くまで学校に残り、教材研究をしたり子どもたちのことを考えたりしている教師たちには、頭が下がる思いです。では、どうしようもないその現実に対し、「学校」という営みの中でどう対応していけばよいのでしょうか。ちょっと考えてみましょう。

また勝手な発想だと思われるかもしれませんが、「教師」という職業そのものを「問題」としてリアルに捉え、学校教育実践の中で乗り越えていくようなアイディアはないのでしょうか。「先生が忙しい」なんてことは、子どもたちにとってはある種どうでもよいことです。「先生が私たちの声を聞いてくれない」と訴える子どもたちに対して、教師が「私も忙しいんです」と逆ギレしたら元も子もないでしょう。でも「忙しい」のは事実であり、なおかつその要因が「教師－子ども」という関係においてだけではない（教育委員会との関係、教師自身のプライベート、職員室のストレス……など）とすれば、その状況を内包しつつ日々の実践としてクリアしていくことが必要になると思うのです。

「希望の教室」における実践

そんな中僕が興味をもった実践がありました。石川県の小学校教師・金森俊朗さんが『希望の教室――金森学級からのメッセージ』（角川書店、二〇〇五）という著書で書いている「働く金森先生への質問」という実践です。この実践は本の第六章に出てくるのですが、この章の見出しが「働く大人たちは疲れている〈仕事の取材〉」。職業体験や職場見学はどこでも行われていますが、その前提に「働く大人たちは疲れている」ということを述べる実践は少ないでしょう。

この実践は、小学三年生の生徒たちがさまざまな職業の現場に赴き、取材して、町のことを担任の金森さんに紹介する、というものです。子どもたちは、倉庫精練、パン工場、大工などの現場に行き、とても豊かな経験をしてきます。その学習を経て、金森さんは子どもたちにこう問いかけました。

「みんな、四月からずっと働く姿を見ているのに、何も聞いたり、インタビューしていない人がいるなあ。さあ、誰でしょう」

「金森先生や」。稚菜《わかな》が気づいた。

働く人の授業の締めとして、私への取材を試みることにした。

そうして「疲れている」「働く大人たち」を取材してきた子どもたちによる、「金森先生」への取材が始まります。その質問は「(自分の職業として) どうして小学校の先生を選んだのですか?」「学校の他に、家へ帰ってからでも仕事をしているのですか?」「先生は、前の学校と今の学校、どっちがいいですか?」「先生を辞めようと思ったことはありますか?」「あと二年経って、教師を辞めたら何をしますか?」「金森先生は輝いてきたのに、六十歳で先生を辞めるのはいやではないのですか?」などと素朴なもので、また金森さんもとても素直に答えています。たとえば「定年後は旅行したい」など、それこそ「教師として」というより、とてもパーソナルな語りとしての回答であることが印象的です。

子どもたちは最初から「疲れている大人」に対して諦めているわけではないと思うのです。それよりも、家庭や教室の事情はさまざまだとは思いますが、親や自分たちの担任の辛い顔はあまり見たくないものだと思うのです。かといって「カラ元気」もごまかしが効かなくなってくる。だとしたら、子どもたちがどこかでもっている身近な大人への理解を、子ども‐教師という関係の中で活かしていくことを考えるべきではないでしょうか。しかも教育実践として。

働いて疲れている「私」と「子ども」という関係にとどめず、金森さんの実践のように「大人」と「子ども」というふうに捉えていけば、教師の「愚痴」や単なる「甘え」にはならず、むしろ本質的で豊かな教育実践となり得るでしょう。

教師たちが現実的に疲れている中、マスコミや政治家が教師の「資質」ということを問題にします。これも結局は、教師の抱える問題をパーソナルなものに押し込める論法です。だというのに、その「資質」を問うためと称して免許の更新制が導入され、教師はますます忙しくなっている。これはひどい悪循環です。大人たちの変化や社会の状況を彼らなりに敏感に感じ、そして彼らなりに接している「一〇〇％」の子どもたちが目の前にいて、そして彼らも社会をもっているということ。それをまず意識し、その中で教師自身がどう生きていき、どんな教育実践をしていくのか――それこそ「サボる」ことなく真剣に考えていかなければならないと強く思います。

（二〇〇九年二月一六日）

「よい教師であること」「よい大人であること」からちょっと降りてみてもいいんでしょう——伊藤哲司

山崎さん

立春を過ぎて、梅の花もほころび、春らしい、いや初夏のような天候があったかと思いきや、また寒さが戻ってきたりして、「三寒四温」とはよく言ったものだなと思います。こうした表現を最初に考えたのが誰なのかわかりませんが、いい感性をしているなと単純に思いますね。私自身、なかなかそんな言葉を紡ぎだすことはできませんが、でも佳き言葉を紡ぎだせるようなささやかな努力は常日頃からしていきたいなと、子ども時代は「国語」がもっとも不得手な科目だった私ですが、今ではそんなことを思っています。

「座布団のように雨が降る」

五味太郎さんの文章から、もう少しだけ引用します。前便で引用した部分の続きです。

ずっと昔、僕の娘のテストにも似たような問題がありました。「雨が〇〇のように降ってきた」「雪が〇〇のように降ってきた」という問題文があって、〇〇のところに後ろの選択肢から言葉を選んで入れるというやつ。選択肢は三つあって、「真綿」と「絹糸」と、なぜか「座布団」というのがある。「座布団のような雪」も悪くない。ユーモアのセンスを問う問題かと思ったら、どうもそうじゃなくて、「絹糸のような雨」と「真綿のような雪」が正解。いわゆる慣用句というやつです。娘は「座布団のように雨が降る」とやって、×でした。

実際に雪が降っていて、ああ「真綿のような雪」ってこんな雪のことを言うんだなとか、背景に山があって細かい雨に光が当たって白く見えてる、なるほど「絹糸のような雨」っていうのがぴったりだなと思うことってあります。こういう言い回しを最初に言ったやつは「おー、なかなかえらいね、たいしたものだ」とは思います。でも、試験問題にはなじみません。とくに、あてはめ問題には向きません。

ここで取り上げられているような国語の問題を見て、何ら違和感を覚えないという大人――慣用句が当然正解だと考え自分がそこでサボっていることにすら気づかない大人――のほうがむしろ多いのではないでしょうか。私は、五味さんの娘さんのように、「座布団のように雨が降る」という表現を選ぶようなセンスを、むしろ買いたいと思うのですが。

ところで、山崎さんがあらためて書かれていたように、教師たちも本当に忙しくさせられて、確かにどこかではサボるしかないと思うんですね。大学の教員もまたしかりで、いま私自身が抱えている仕事をすべてサボらずやろうとしたら、一睡する時間もなくなるでしょう。本当にそれを実践したら確実にパンクします。問題は、どこでサボるかということです。

私自身実際のところどうしているかというと、本当に大事な仕事、自分がやりたい仕事はサボらない。それこそ真剣勝負で、自分なりの良心と良識をもって取り組んでいるつもりです。一方、そうとは必ずしも思えない仕事は、語弊はありますが、まあ適当にすませておくわけです。必ずしも両者の間に明確な線引きがあるわけではありませんが、前者がおおむね「自分にしかできない仕事」だと思っています。

人間味のない「心のノート」

前便で触れた「心のノート」の話に戻れば、そこで私が問題にしたいことのひとつは、自分たちは「一〇〇％」でサボっていないというふりをしている大人たちの欺瞞性なんです。この教材、いわば子どもたちへの説教集なんですね。たとえば、小学一・二年生版には「うそなんてつくものか」という言葉が出てきます。ときに平気で嘘をつく大人たちが子どもたちに「うそをつくなよ」と言っているという、まったくもって滑稽な構図なのです。

「嘘も方便」という言い方があるくらい、私たちは嘘もつきながら生きている存在だと思います。サボることにも、どこか嘘を含みうるわけです。もちろん何でも嘘をついてもいいということにはなりません。絶対に許されない嘘というものがあるでしょう。それに子どもたちに

「嘘をついてもいいんだよ」とは、さすがに言えないですよね。子どもたちは、大人たちの嘘を見透かしながら、どんな嘘なら許容されるのかということを、さまざまな社会関係の中で自ずと学んでいくのだろうと思います。

どこかではサボって嘘をつきながらでしか生きられないなら、それも子どもたちに隠し通さないということが必要なんだと思います。「よい教師であること」――もっと敷衍《ふえん》すれば「よい大人であること」――からちょっと降りてみてもいいんでしょう。仮に嘘もつかず何事もサボらず生きるなんてことが可能であったとしても、そんな人は、そもそも魅力的でも何でもないのですし。映画や小説の主人公になる人は、およそ社会の中で完璧には生きられない人が、むしろ魅力的な存在として取り上げられているわけですからね。渥美清さんが長年演じた寅さんなどは、その典型だろうと思います。あんな人が本当に身近にいたら、さぞかし迷惑だろうなとも思うのですが、でもそこに私たちはたまらない魅力を感じて、笑ったり泣いたりするわけです。「教師」ではない一面もそれなりにさらけ出せるような、そんな教師でいいんだと思うんです。

そういう観点から考えて、山崎さんが紹介していた金森先生の実践というのは、大変興味深いですね。あくまで教師‐生徒という枠組みは崩さないまま、でもその関係の中で、部分的に教師であることを降りてしまっている。しかしそこにこそ、子どもたちは強烈なおもしろさと新鮮さを感じていったのではないのかなと思いました。「なんだ、先生だってしょせん人間なんだなぁ。しょうがないなぁ。でも僕らの先生なんだなぁ」と、子どもたちはそんなことを思ったのかもしれませんね。

この話でふと思い出したのは、中学生時代の学年主任の、ちょっと怖いイメージだった男の先生のことです。担任を受け持ってもらったことはなかったのですが、中学三年生の夏休みに同級生三人で泊まりがけでサイクリングに出かけ——そのときの私たちにとっては、これでもちょっとした冒険でした——、そして帰りにその先生の家に立ち寄ったのです。中学校からはけっこう遠い田舎の小さな街にその先生の自宅があり、そこで私たちが会ったのは、中学校で普段見る強面の先生とはまったく別人でした。とても柔和な笑みをたたえて、「おまえたち、よくここまで自転車で来たな」と、私たちを歓迎してくれました。あの先生がこんな顔をもっているのかと、単純に驚き、かつちょっと感激したことを、今でもよく覚えています。

かつての恩師たちのことに思いをめぐらせてみると、浮かんでくるのは、教師としての姿そのものではなく、そこに収まりきらない余剰部分、どうしようもなくはみ出してしまった部分なんですね。高校時代の化学の先生は、元気のいい小柄な女性の先生で、いつも白衣を着ていたのですが、覚えているのは、その先生の迫力満点の甲高い声と、化学反応を説明するときのオーバーアクション。肝心の化学の話は、ほとんど何も覚えていないのですが（先生ごめんなさい）、私たちのリクエストに応じて、最終授業では、得意だと聞いていた落語を披露してくれました。教壇を二つ重ねた〝高座〟の上に座った先生の白衣姿は、今でもけっこうありあり

微笑み返さずにはいられない。タイ、プーケットにて

と思い出せます。

●生徒あっての教師

そもそも教師というのは、生徒あっての教師なんです。生徒に支えられた存在でもあり、生徒にそっぽを向かれたら、本当は何もできない存在です。「〝心理学〟が嫌いな心理学者」の私も、心理学専攻生の意向をうかがわないわけにはいかない所以《ゆえん》です。だから、対生徒にかかわることであれば、それこそ身体を張ってやるしかない。そこだけはサボってはいけないし、そこに嘘をついてはいけないですね。みんながみんな「金八先生」になる必要はありませんが、それぞれのスタンスで、あまり肩肘張らず、しかし子どもたちに支えられた大人の一人であることをしっかりと感じながら、そこだけは少なくとも真剣に生きなければ。

「子どもたちは最初から『疲れている大人』に対して諦めているわけではない」、私もそう思います。しかし、子どもたちから見たときに私たちの余剰部分というのが、子どもたちを裏切るようなものであったり、どうみても汚いものであったりしては、どうしようもないですね。ときの首相である麻生さんが、舌禍ゆえに記録的な支持率低下を招きつつありますが――加えて、この書簡を書いている間に、中川財務相の大失態に続く辞任のニュースが流れてきました――、一国の首相や大臣が、こんな大人にはなりたくないという反面教師としての役割しか果たせそうにないのでは、何をか言わんやです。かえって、子どもたちにとってもあまりにわかりやすくていいのかもしれませんけど。

子どもたちの声を勝手に代弁してもかまわないと考えているようにしか見えない「心のノート」を作った大人たちよりも、そこに記入を求められて自分の本音と「サボるための答え」の間で葛藤する子どもたちに、しっかりと寄り添っていけるようでありたいと思っています。「〝心理学〟が嫌いな心理学者」としては、そんなところに活路のひとつを見出していきたいと考えている次第です。

（二〇〇九年二月一九日）

「心のノート」の「心」には、具体的な環境や他者が全く想定されていないのですね――山崎一希

伊藤先生

一ヵ月ほどお待たせしてしまいました。前回の先生のお手紙、末尾の「子どもたちの声を勝手に代弁してもかまわないと考えているようにしか見えない『心のノート』を作った大人たちよりも、そこに記入を求められて自分の本音と『サボるための答え』の間で葛藤する子どもたちに、しっかりと寄り添っていけるようでありたい」という言葉にとても共感しながら拝読しました。

●著者名のない教科書⁉

そうだよなあ……じゃあ「『心のノート』を作った大人たち」っていったいどんな人たちなんだろう……そう思って手元の「心のノート」を開いてみたら、なんと、ないんです！　何がないって、どこを探しても著者名が記されていないんですね。国語にせよ社会にせよ数学にせよ、教科書というものには著者名・編者名が書いてあるものですが、この「心のノート」につ

いてはそれが明らかにされていないんです。
そんな中、『「心のノート」の方へは行かない』（岩川直樹・船橋一男編著、寺子屋新書、二〇〇四）という本に、この「心のノート」の匿名性について触れている文章を見つけました。
前述した「著者名を欠く」ことに言及しつつ、岩川直樹さんは次のような指摘をしています。

ここで問題にしたいのはいわゆる著者の匿名性ではなく、子どもたちにまなざしを向け、呼びかけを行うこのテキストそのものがもつ匿名的主体性である。……一・二年生版「こころのノート」は目次の直後、「あなたの　ことを　おしえてね」というページではじまる。いきなり自己開示を要求されるわけだ。たとえば、そこで子どもは自分の「たからもの」を教える。しかし、「誰」に向かって？

子どもが自分の大切なことを教えるのは、担任の教師なのか、クラスメートなのか、親なのか、まだ見ぬ二年生の担任なのか。そこに何を自己開示するかは、本来、誰に自己開示するかに左右される問題である。しかし、それが「誰」なのかを見定めることができないまま、子どもたちは匿名のまなざしに向けて自分を開示することになるはずだ。ひと言でいえば、それは監視カメラに向けての自己開示としての特徴を帯びることになる。

徳目的な項目に自分の「心」を記入していく、でもその相手はまるで見えない……ここにも

「心のノート」の気味悪さがあるんですね。「監視カメラ」という表現は、どことなく「サボる」という概念にも通じるような気がします。つまり、「監視カメラ」としての「心のノート」の「心」には、具体的な環境や他者が全く想定されていないのですね。あくまで「自己開示」、具体性を失ったまま子どもたちの「心」が取り出され、扱われようとしているのです。

岩川さんはそのことを批判した上で、「『心構え』の道徳から『からだ』を基盤にした倫理的・道徳的成熟への転換」の大切さを指摘しています。それはつまり、「こわもての厳罰主義やひからびた徳目主義はもちろん、問題を個人の心構えに還元する『心のノート』的発想」から、「自己のからだを取り戻し他者とのかかわりに開かれるような実践的な関係や場の編み直し」への転換です。個別具体的な自分の「からだ」、そして他者・環境との「かかわり」と「心」とは切り離して考えるべきではないのです。

「教育」をめぐっては、「知育・徳育・体育」という表現が明治時代から使われてきました。最近でもたとえば小泉純一郎総理大臣（当時）が「食育は知育、徳育、体育の基本で推進が必要」と発言するなど、ときどき耳にすることがあります。しかし、単純に「知育・徳育・体育」という場合、たいてい「知」「徳」「体」はバラバラに捉えられ、たとえば「知」を育てる＝学力アップ、「徳」を育てる＝道徳、「体」を育てる＝体育・スポーツ、というように、とても貧相な教育観・人間観につながってしまいます。その意味で、「心のノート」や以前触れた「『心を育む』ための五つの提案」（第8便）は、この「知育・徳育・体育」という紋切り型のパターンから脱していないように見えます。こうしてバラバラに捉えられる「知」「徳」「体」。その一方で乱暴に結びつけられてしまっている「徳」と「心」。そうして「知」も「体」も「心」から切り離されてしまうんですね。

スポーツは好き、体育は嫌い

こんなことを考えていると、ついつい「体」「体育」の問題について思いをめぐらせてしまいます。僕は学生時代、体育の授業があまり好きではありませんでした。というか嫌いで嫌いで仕方なく、体育がある日は朝から憂鬱な気分になったほどです。その理由は、ひとえに苦手だから。僕は身長が一八〇センチ以上あるのですが、その高さをついぞスポーツに活かすことなくここまで生きてきたんですよ。

松田恵示さんの『交叉する身体と遊び』（世界思想社、二〇〇一）という本の中に、おもしろい調査結果が紹介されていました。これは三重大学の山本俊彦さんとの共同研究で、大学一年生（四〇五人）に対し「今、心に残っている体育授業の風景」を描いてもらう、という作画調査です。ここから見えてくる傾向として、まず「何をしているところを描いたか」という分類については、「集合して『指示を受けている』『注意を聞いている』等の『集合説明場面』」が、他を引き離してもっとも多い（19.0%）」とのこと。また、「『みんなが見ている』『先生が見ている』『見られている私がその中で運動している』という」構図が、「全体の45%をこえるほどにとらわれ」ていたようです。

こうした「体育」へのイメージは、さきほどの「監視カメラ」という比喩にも通じるものがあるような気がします。実際翻《ひるがえ》って自分のことを考えても、この「みんなが見ている」ということへの恐怖がありありと蘇ってきます。自意識過剰だと思われるかもしれませんが、鉄棒なりサッカーなり、体育の場においては常に「クラス（運動ができないといじめられる気がする）」「女子（運動ができないとモテない気がする）」「先生（イコール体育の成績？）」の目が気になってしまい、そのプレッシャーがまた余計な失敗につながってしまう。それはもう地獄ですよ。

ただ松田さんによると、このような感覚は運動が苦手で嫌いな人だけのものではなく、「スポーツ（運動）は好きだけれども体育は嫌い」という反応はけっこう見られるとのこと。こうしたことは、「本来遊びであるスポーツ」に対して学校的な「目的合理性」を高めることをねらったために起こったのではないか、とまとめています。

本来「遊び」（「〈非〉目的合理性の世界」）であるスポーツが、「体育」という文化に搾取され、「嫌い」という対象になってしまう。この図式は、「スポーツ」と「体育」だけではなく、もっと広げて「遊び」と「教育」という図式にも

「体育」を絵にしなさい
…僕だったらこの絵かな。

ある程度当てはまるのではないでしょうか。今までことさらに「遊び」と「教育」を切り離して考えてきて、その反省から今度はむりやり統合させようとする。しかしその結果が、実は子どもたちの「遊び」を「教育」がどんどん浸食し、自由な場が奪われるようになっては、元も子もありません。そんなことならまだ「遊び」「教育」が分離されていたほうがよかった、ということになってしまいます。ある人から聞いた話では、それまで近所の神社を遊び場にしていた子どもたちが、学校の「生活科」の校外学習でその神社を訪れて以来、パタリと行かなくなった、ということもあったとか。そういうことが少なからず起こってしまうんですよね。かくいう僕自身も「遊び」と「教育」をつなぐ実践を探っているわけですが、同じような危険性を孕《はら》んでいることを意識する必要がありそうです。

自己のからだを取り戻す

ところで、高校を卒業した山崎少年、これで体育の悪夢から逃れられるかと思ったら、それは甘い考えでした。大学にも体育があったんです。でもこの体育はちょっとイメージが違いました。「体育」という名のもとで行われたのは、鈴のついたボールを目隠しで操るバレーボール（視覚障害者の競技だとか）、あるいは気功……。あんなに嫌いだったバレーボールも、みんなで目隠しをした途端に「上手」「下手」がなくなってくる。しかも実際に「見えない」ことで、「見られている」という恐怖もストレートに解消されます。気功も九〇分のうちの三分の一は腰を下ろし、目をつぶってリラックスする時間（もちろん先生もいっしょに）でした。僕はようやく、自分が決して身体を動かすこと自体が嫌いなのではない、ということを実感しました。先述の岩川さんの言葉でいえば、少し「自己のからだを取り戻」すことができたのかもしれない。「体育」が「体」を奪うこともあれば、逆に蘇らせることもあるんですね。でもそういうひとつひとつの体育経験の積み重ねが、健康な身体を保つという当たり前の課題へのモチベーションを左右するのであれば、「体育」の問題は本当に真剣に語りなおす必要があるでしょう。そしてそれが、「遊び」と「教育」という大きな課題に取り組む、大切なきっかけになり得るかもしれません。学校教育が「心」も「体」も搾取するではいけませんね。
今日も春らしい陽気。今からウォーキングでもしてこようかな。それではまた。

（二〇〇九年三月一八日）

長年かかって学校の中で作られてきた身体を解きほぐしていくのは容易なことではありませんが、不可能ではありません――伊藤哲司

山崎さん

心の問題から身体の問題への展開、興味深く読みました。山崎少年は、そうですか、体育の授業があまり好きではなかったんですね。実は私は逆で、とくに小中学生のころは、体育がもっとも好きな授業でした。自慢ではありませんが、小学校六年間の運動会で、徒競走はすべて一位だったんです。短距離走と球技が得意で、それらではたいていの友だちより長けていると思っていましたし、そういうところを人に見られることが、むしろ単純にうれしかったことをよく覚えています。

「見られること」の呪縛

でも体育の中で、決定的に苦手な種目がありました。水泳です。こればかりは本当にダメで、顔を水につけて泳ごうとするとすぐに息苦しくなってしまって、落ち着いて息継ぎをすることができず、身体が思うように動かないんです。陸の上と水の中では、私にとっては大違いでし

た。スポーツが得意だと思っているがゆえに、かえって泳げない自分を見られることが恥ずかしくて恥ずかしくて、それでなおさら上達できなかったという気がします。恥じる気持ちなどもたずにちゃんと教えてもらって練習していれば、並には泳げるようになったのではと思うのですが、伊藤少年には、どうしてもそれができませんでした。

ですから見られることによって、身体が硬直して動かなくなっていってしまうという感覚は、体育が好きだった私にもよくわかります。あれは確かに辛いですね。「『みんなが見ている』ということへの恐怖」は、夏がめぐってくるたびに、私も味わってきました。

この感覚は、「小学生・中学生のころ、絵を描くのが好きではありませんでした。理由ははっきりしています。絵を描くのが下手で、それが恥ずかしかったからです」と、以前の書簡（二〇〇九年一月二〇日、第7便）に書いたことにも通じていると思います。見られることの問題は、何も体育に限らず起こることでしょう。この恥ずかしいという感覚は、とくに世間体を気にする社会の中で生きている個人が覚えやすいものだと言われます。一神教の神がいるとされる社会では、「恥」というより、神との関係の中で「罪」を感じるものだとの指摘もあります。もちろん日本人にもクリスチャンなどはいますが、私たちの社会は、やはり良かれ悪しかれ前者なのだろうと思います。

そんなに他人の目を気にしなければならない社会でも、上手とか下手ということをあまり感じなくてすむような、身体を動かすこと自体がおもしろかったり楽しかったりするような、そんな状況設定が、学校の中で大いに工夫されてもよいのではと思います。その例が、山崎さんが触れていた、大学での体育授業のあり方なのだろうと思いました。そこで感じられるであろう、たとえば身体が伸び伸びするような気持ちのいい感覚を追求することがもっとあっていいのでしょうね。

うなずきもしなければ、笑いもしない

一見話が飛ぶようですが、堅くなってなかなか動かなくなっている身体、それは大学の講義室でも頻繁に出会います。講義の中で私が何を話しても、ほとんどの学生たちは、うなずきもしなければ笑いもしない。眠くて寝ているというのなら別ですが、話はいちおうちゃんと聞いているようで、でも身体で反応を返してこないことが圧倒的に多いんです。あれこれ話し方を工夫したりはするのですが、漫才師ではありませんからね。こちらにも限界があります。こういう無反応の講義室で九〇分間も話し続けるのは、かなり辛いことなんです。「教壇の上の孤独」を感じるときもあります。

それで私は、ときには学生に、「わかったらうなずいて、おもしろかったら笑ってよ。おもしろくなかったら『つまんない』って顔してもいいからさ」と率直に問いかけるのですが、正直あまり効果はないですね。それを大事なことだと気づいてくれる学生はいるようですが、身体が動かないというのが正直なところだろうと思います。他の人が何も反応しないところで、一人だけうなずいたり、ましてや笑ったりするのは、なかなかできないことでしょう。まわり

から見られているという感覚は、そこでも存在しているのだと思います。

そのような身体は、小中高と進学していく中で、間違いなく作られていったものだと思います。日本の子どもたちでも、さすがに小学校の低学年や中学年であれば、もう少し反応があって、元気もあるでしょうから。娘が小学三年生だったときに、総合の時間に私が呼ばれて、娘もいるクラスの中でベトナムの話をしたことがあったんです。パワーポイントを使って、ベトナム戦争の話も少しして、「どうやったら戦争をしなくてすむか、みんな考えてみてね」と締めくくったのですが、そのあといくつも質問が出て、終わった後も子どもたちに取り囲まれました。そうか日本の子どもたちも、まだ小学三年生ぐらいなら、こうして反応できるのだなと思った次第です。でもそれがいつの間にか、動かない身体――もちろん教室の中では、という限定をつけなければなりませんが――にさせられていく。どうしてそうなってしまうのかを、教師をはじめ大人たちが、もっと考えていかなければなりませんね。

〝リハビリ〟としてのフィールドワーク

ところで私が、自分の研究で主に使っている方法はフィールドワークです。簡潔に言えばフィールドワークとは、実際に何か事柄が起こっている現場（フィールド）に身を置いて、人々とかかわりつつ行動を観察し、誰かを対象にインタビューしてデータを集め、それをもとに成果を記述していく「調べかつ書く」という一連の作業を指します。インタビューをする際にはとくに、その人のあり方が問われます。講義室での学生のように、話を聞いているのにうなずきもしないのでは、インタビューされるほうとしては、何も話す気がなくなってしまうことでしょう。当たり前のことですが、インタビュアーは、やはり適度に相手の話に相づちを打ったり、ときに笑ったりして、相手の語りをより豊かにしていくことが求められます。インタビューは、インタビューする側とされる側の共同作業であり、そこで語られることは、まさにその共同作業の産物なのです。

そのようなことを学生が試みるときに、中には最初から比較的上手くやれる人もいるのですが、話を聞くときに固まってしまう身体の人には、なかなか上手くできません。それでフィールドワークは自分には向いていないと思ってしまう人もいるようです。でもだからこそ、これがよき〝リハビリ〟になりうるのだと私は思います。長年かかって学校の中で作られてきた身体を解きほぐしていくのは容易なことではありませんが、しかし不可能というわけではありません。そうして特定の生身の人間に、それこそ年齢も、生まれ育ってきた時代や社会も異なる人を相手に対峙するというのは、かなりプレッシャーを受けることでもありますが、だからこそ、自分自身の身体のあり方が問われるわけです。そこでは、なんとかあがくしかありません。でもそれがいいんですね。

「監視カメラ」に自己開示？

さて、「心のノート」の匿名性については、私を含めてすでに複数の人が指摘をしています。そうなんです、この教材のページをめくると、誰が書いたのかわからない文章だらけなんです。

子どもたちが無記名で作文を提出したら、先生は注意をし、名前を書くよう指導するでしょう。でもこの「心のノート」の筆者たちは、自分の名前を書かず、顔を隠して平然としている。だから気味が悪いんですね。

わたしにはある
　いまよりもっとよくなりたいという心が
　みんなのことを思いやるあたたかい心が
　どんなことにもくじけずに
　がんばりたいという心が
そんなわたしの心を
　たしかめてみたい
　のばしていきたい

これが「心のノート」小学校三・四年生版の表紙をめくったところに書いてある文章です。もちろん、誰が書いたのかまるでわかりません。問題は、この「わたし」とは誰なのかということです。

この文章を書いた筆者自身が「わたし」というなら、何も問題はないでしょう。でもどうやらこの「わたし」、子どもたちに自身に「きみのことなんだよ」とそっと囁《ささや》いているように見えます。まるで悪魔の囁きです。他にもそういうページはたくさんあって、たとえば中学生版には「この学校が好き」と大きく縦書きされたところがあるのですが、学校嫌いに陥っている中学生にとっては、困惑しか与えないページでしょう。子どもたちの声を勝手に代弁してもかまわないと、この「心のノート」の筆者たちは考えているようです。

拙著『心理学者が考えた「心のノート」逆活用法』（高文研）の「おわりに」の冒頭に、私はこのように書きました。

「心のノート」をあらためて通読して感じたことは、どうしてかくも不躾で底が浅く発想が貧困な筆者たちの粗雑な言説に、延々と子どもたちが〝自発的〟に付きあわせられなければならないのだろうか、ということです。教師や保護者が、それらの言説から子どもたちを守る防波堤になってやる必要が、やはりあるのではないでしょうか。

「心のノート」導入から七年が経過しようとしている今、学習指導要領の改定に伴い、文科省による一斉改定が予定されているとのことです。新たに盛り込むポイントは、「規範意識の育成」「早寝早起きなど基本的生活習慣の徹底」「仕事を通じた社会参加」の三点だとか。ますます子どもたちの「心」の管理を強化しようとしているようです。不要論が根強くある中で、それには耳を貸そうとしない「心のノート」。山崎さんが紹介してくれた「監視カメラ」という比喩は、言い得て妙だと思いました。

そんな姿が見えない相手に、自己開示をして「心」をさらけ出せと言われても、それはやはり無理な話ですね。具体的な顔が見える相手に、「身体」でもって接するということ、そうした体験の中でこそ、結果的に「心」が育っていくのだと思います。「個別具体的な自分の『からだ』、そして他者・環境との『かかわり』と『心』とは切り離して考えるべきではない」というのは、まったくそのとおりです。

国家と教育

山崎さんが触れていた「遊び」と「教育」の分離と統合の話を読んで、国家が学校の現場の細事に介入すべきではないと、あらためて強く思いました。ご存じのとおり教育基本法は二〇〇六年一二月に改定されていますが、旧来の教育基本法には、「教育は、不当な支配に服することなく、国民全体に対し直接に責任を負つて行われるべきものである」と明記され、国家や政府とて教育の現場には介入できないと捉えられていました。それが現行の教育基本法になったときに、「教育は、不当な支配に服することなく、この法律及び他の法律の定めるところにより行われるべきものであり……」と変わり、「不当な支配」の解釈の幅が拡げられました。また「公共の精神」や愛国心にかかわる文言が新たに加えられました。「心のノート」導入は教育基本法改定前のことですが、目指している方向は一致しています。国家が個人の「心」に

好奇心に輝く瞳。ハノイ郊外の小学校にて

まで言及してこようとする動きに、私たちはもっと警戒感をもつべきです。

ところで、この山崎さんとの往復書簡、私自身あちこち出張することが多いものですから、いろんな場所で書いているのですが、今回は私の本来のフィールドであるベトナムの首都ハノイで書きました。一昨日、同行している茨城大学の学生と一緒に、ハノイ郊外の小学校へ行ってきました。保護者のほとんどが農民という小学校で、元気で可愛い子どもたちにたくさん出会うことができました。四二歳という私より若い校長は、設備面での不足と、子どもたちの家族の貧困が問題だと話していたのですが、子どもたちの表情は、やはり素晴らしいものがありました。これまで私は、ベトナムの保育園・幼稚園から大学まで、けっこうたくさん見て回っています。そうした経験も、また書きたいと思っています。

（二〇〇九年三月二一日）

Session 4

フィクションとしての「学校」

――学校にとらわれず、学校という場でどう生きるか

UFOに乗った彼らは
学校を見おろし何を言うだろう。

「いじめ」のような問題も、文化交流・他者理解という視点で実践的に捉えていくことも必要でしょう――山崎一希

伊藤先生

ハノイからのお手紙、ありがとうございました。学生たちの「堅くなってなかなか動かなくなっている身体」、そして国家の「不当な支配」。そうしたマクロな問題にうなずきながらも、同時につい最近まで大学生だった僕自身の生々しい記憶をたどりながら、教室で交わされる「言葉」の移り変わりと身体性についても考えさせられました。今回はその話を書きたいと思います。

●戻りたくない時代

意外に思うかもしれませんが、僕は大学生活……正確にいうと「キャンパス生活」に対してあまりよい思い出をもっていないんです。一方で地元の中学・高校で過ごした日々については輝く記憶が蘇ってくること、またこうして再び茨城に戻って就職し、それなりに満足していることを考えると、自分の二五年の人生における「東京」（実際は神奈川に住んでいましたが）で

の時間が、他とは断絶してそこだけ色あせているようにも思えます。正直、コンクリート打ちっぱなしの校舎が並ぶ母校のキャンパスには、今でも「行ってみようかな」という気にはならないし、実際、卒業以来足を運んでいません。

自信をもって「友だち」といえる仲間もいなかったと思います。それでも入学した当時はいくつかのサークルの新入生歓迎会に参加してみたのですが、宴会の場にどうしても馴染めず、結局どこにも所属しないままになりました。かといって、クールなキャラクターに徹するわけでもなく、はっきり言って孤独で寂しい日々でした。授業などで知り合いになった同級生をキャンパス内でちょっと遠くから見つけても、こちらが一人で歩いていて、向こうが友だちといっしょにいたりすると、とても声はかけられません。「あいつはいつも一人でいる」と思われたくなかったし、それ以上に相手が自分のことを覚えていないかもしれないことが恐かったのだと思います。だからそういうときは、できるだけ相手の視界を避け、結局ものすごく遠回りをして目的地へたどり着くことになったりします。そして当時はその気持ちを隠すように、「自分は勉強のために大学に来ているんだ！　そのために奨学金を借りているんだ！」とかなんとか言いながら必死に講義を受けました。おかげでほとんど欠席なし、皮肉にも成績だけはそこそこよかったり……講義や本、ディスカッションでいろんなことを学んだし、後悔もしていませんが、それでもあのキャンパスにはもう戻りたいとは思いません。

さて、そんな具合に授業だけは真面目に出席し、前のほうの席（休み時間はすぐに教室移動するのでたいてい固定の席に一番乗り）で講義を聞いていたわけですが、あるときキョトンとしたことがありました。社会学関係の授業で、先生が突然「君たちは真面目すぎる。どうしてサボれないんだ」みたいなことを言い出したんです。まあそこが社会学の講義の場であることを考えると、それが皮肉を込めた冗談だというのはわかりますが、一方で「抵抗」さえできない（ように見える）学生たちへの失望というか諦念は本心だったことでしょう。

　ところが、この「どうしてサボれないんだ」というような言葉は、ある意味で学生たちを縛ってしまうようにも感じるんです。もしもその先生のその発言を受けたあとで学生がサボったとして、それははたして「抵抗」といえるのでしょうか。むしろそれは、学生たちの「権利」（という語弊がありますが）としての「抵抗」のあり方を、教師が先回りして奪ってしまってはいないでしょうか。

　あるいは自分のことに鑑《かんが》みれば、その学生は別の権力（たとえば絵に描いたようなキャンパスライフ）から逃げ、「抵抗」するために授業に出席しているかもしれないのです。「抵抗」しなくてもよい安心の地――ペンをもっていればその時間をやり過ごすことができ、知識も増えるもっとも大学的な場――にいるのに、「なぜ抵抗しないのか」と言われ批判されてしまうのは、なかなかしんどいものがあります。

●考えるだけで疲れてしまう

前回の書簡で、伊藤先生も「私は、ときには学生に、『わかったらうなずいて、おもしろかったら笑ってよ。おもしろくなかったら「つまんない」って顔してもいいからさ』と率直に問いかけるのですが、正直あまり効果はないですね。」と書いていらっしゃいますが、その光景もなんとなく目に浮かびます。でも、その理由は「他の人が何も反応しないところで、一人だけうなずいたり、ましてや笑ったりするのは、なかなかできない」ということだけではないのでしょう。先生には失礼な言い方になってしまいますが、「おもしろさもつまらなさも感じない」という可能性もあるんですよね。「おもしろい」／「つまらない」といった評価・リアクションをする必要性さえとくに感じていない、と言いましょうか。そう考えると、実は学生の身体性ばかりを批判するわけにもいかず、教師自身の身体性も問う必要がありそうです。

　このように、教師の側が学生・生徒の「抵抗」のあり方を先回りして言葉にするのは実は簡単なことではなく、さまざまな危険を孕《はら》んでいるような気がします。それは僕が前回触れた「遊び」と「教育」の話——子どもたちの「遊び」を「教育」がどんどん浸食し、自由な場が奪われる、そんなことならまだ「遊び」「教育」が分離されていたほうがよい——ということにもつながります。学生からすれば「抵抗してもよい」「なぜ抵抗しないんだ」と言われるよりも、「今すぐ教室から出てけ！」と言われるほうが楽なんですよね。「抵抗してもよい」と言う教師に本当に「抵抗」するためには、高度なア

「ヘルメット」はもう古い!?

イディアやテクニックが必要になってしまい、考えるだけで疲れてしまいます。あるいはもっと厳しい言い方をするなら、「抵抗してもよい」という、学生への穿《うが》った（ある意味で傲慢な）「理解」そのものに学生たちは辟易《へきえき》し、疲れ、先に「戦意」を喪失してしまうのかもしれません。「抵抗するな」という禁止の言葉よりも、「抵抗してもよい」という言葉のほうが、「抵抗」の身体性を奪ってしまうことになるのではないでしょうか。

「知的体力」をどう身につけるか

そうなると、状況は泥仕合というか、「抵抗」をめぐるイニシアティブのナイーブな取り合いというか、ともかくキリがなくなってきてしまい、教師も生徒も気疲れしてしまいます。でもそんな状況で、先生がいうように「あがく」しかないのも確かなんですよね。フィールドワークのお話で出てきた「リハビリ」という言葉は、とても言い得て妙だと思いました。安易に「理解される」ことも嫌がり、一方で「理解されない」ことも嫌がるという微妙なメンタリティーの上で疲れてしまい、そこから逃げるよりも、まさに「特定の生身の人間に、それこそ年齢も、生まれ育ってきた時代や社会も異なる人を相手に対峙する」という「プレッシャー」の中で、「理解されない」という体験と「理解してもらう」という試行錯誤をし続けなくてはいけないんですよね。ですから問題は、そのための「知的体力」のようなものを日々の営みの中でどう身につけていけるか、ということにあります。その「リハビリ」の場が、「学校」の外のフィールドワークだけにしか見出せないとしたら、それは残念な話です。そもそも、学校文化でこわばった身体を、学校の外の「リハビリ」で解きほぐす、ということ自体がまどろっこしい。学校の教室は同質の人の集まりのように見えますが、本来は「特定の生身の人間」「生まれ育ってきた時代や社会も異なる人」が集まっているはずなのです。学校・クラスとしての共同体意識を保ちながら、互いが「生まれ育ってきた時代や社会も異なる」「特定の生身の人間」であることを認め、そこで学ぶような場をもっと練り上げていくべきでしょう。

小学校での英語学習の導入など、国際理解の実践は積極的に進んでいます。一方で、教室の「他者」の存在についても、もうちょっと光を当て、日々の実践で活かされるようにしたいものです。そのためには、「いじめ」のような問題も、狭義の生活指導やら道徳の枠に狭めず、文化交流・他者理解という視点で実践的に捉えていくことも必要でしょう。「リハビリ」の機会は、探せば目の前にあるものなんですよね。

気づけばめっきり春らしい陽気になってきました。ピカピカの一年生たちも、そんな出会いを通して「リハビリ」をスタートさせていることでしょう。それではまた。

（二〇〇九年四月一五日）

「異なる他者と出会うことで、自分を知ることができる」という話、最近学生たちによくしています──伊藤哲司

山崎さん

また新しい年度が始まりました。大学のキャンパスは、多くの新入生を迎えて活気づいています。一年で一番キャンパスが賑やかなのがこの時期です。今年度は一年生の必修科目である入門ゼミの担当もします。これは何年かに一回担当するものなのですが、まだコースや専攻が決まっていない二〇人近い若い学生たちと、これから一年間つきあっていくことになります。いわば「担任の先生」です。

●理由なきスランプ

山崎さんの学生時代、そうでしたか。山崎さんの意外な一面を垣間見た気がしました。振り返ってみるに私自身も、大学に入ってすぐ、六月上旬に大学祭があり、それに向けての活動はそれなりに楽しくてのめり込んだのですが、高校のときほどの仲間はできず、大学祭が終わったあと、何もないところに投げ出されてしまったような感じがしました。そのときふとグラン

ドに足が向き、ラグビー部の練習を眺めました。私は高校時代ラグビーをやっていて、大学のラグビー部に先輩がいたんです。すぐに目ざとく見つけられて、「おぅ、おまえ、いつから来るんだ?」と言われ、反射的に「明日から来ます」と答えてしまいました。そして次の日から、実際にグランドに立っていました。大学に入ったらラグビーはもうやらないつもりだったのですが、そのときはやっと所属できるところができた気がしました。

実は一番スランプを感じたのは、それよりずっと以前の高校二年生のときでした。クラスにはどういうわけか馴染めず、休み時間にはほとんど誰とも話さず、一人でいつも本を読んでいました。どうしてそうだったのかは、自分でもよくわかりません。これではいけないと思い、私なりにあがいて、三年生になったときはクラスの中でいろんなことを積極的にやったのですが、二年生のときは本当に暗かったなぁと今でも思います。でも、そんなところをくぐり抜けるのも、なにか意味はあったのでしょう。おそらく山崎さんもそうであったように。

教師としての思い

ところで、今は立場が大きく変わり、学生たちには、どうやっても教師として対峙せねばならないことになりました。そこで山崎さんが大学の社会学の先生に言われたという「君たちは真面目すぎる。どうしてサボれないんだ」という言葉を考えてみたのですが、その先生がそう言いたくなった気分を、たぶん私もどこかでは共有しているのだろうと気づきました。

一見逆のように思える話をしますが、もう何年か前のこと、ある授業で二人の学生が、一字一句同じ文章の最終レポートを提出してきたんです。ご丁寧に誤字脱字まで同じ。もちろん各学生がそれぞれ自分で書かねばならないレポート課題でした。あとでわかったのは、一方が話をもちかけ「分担」したとのこと。教師としては、当然それを見逃すわけにはいきません。学生にとってはそれを落とすと留年が決まってしまう大事な必修科目だったのですが、厳重注意の上、単位不認定とせざるをえませんでした。しかし一方、心の中で思ったのは、「どうしてこんな稚拙なサボり方をするのだ」ということでした。これでも先生は見逃してくれるだろうと思っているらしいことが腹立たしかった。サボるにしても、もっとやり方があるだろうと思ったのです。

バレなければよいと言っているわけではないのです。でも以前にも書きましたが、私たちはどこかではサボらないと生きていけないところがあります。しかし同時にサボってはいけない核心部分もある。だから、こんな形でレポートを出すべきではない。ホント、「なめとんのか！」と、一喝したくなったほどでした。

でも、こちらの真意を伝えるのは、なかなか難しいですね。もしかしたら山崎さんが授業を受けた社会学の先生、そんな真意を伝えようとして、「君たちは真面目すぎる。どうしてサボれないんだ」という言葉を言ったのかなと想像してみました。学生たちが露骨にふざけた態度で授業をサボりだすことを、その先生が期待していたとは思えません。しかし言葉足らずというか、むしろこの言葉は、山崎さんが言うとおり、「学生たちの『権利』（というと語弊がありますが）としての『抵抗』のあり方を、教師が先回りして奪ってし」まうのかもしれませんね。

　山崎さんが中学時代の先生に「他のクラスの人や先生に見つからないように遊びましょう」と言われたという話を、以前に書いていましたよね。それもまた、少なくとも表面的には、『抵抗』のあり方を、教師が先回りして」いるようにも見えます。しかしその言葉、山崎さんは、むしろ好意的に受けとめたのですよね。それはなぜなのでしょう？

　これらの言葉は、一見同類です。しかし決定的に違うのは、どの先生がどういう文脈で言った言葉なのかという点なのではないでしょうか。端的に言えば、もともと信頼感を寄せていた中学の先生と、そんな個人的な思い入れはなかった大学の先生という違いなのでは。もしかの中学の先生に、「君たちは真面目すぎる。見つからないようにサボってみましょう」などと言われたなら、山崎さんたちもその先生の期待に応えようと、「高度なアイディアやテクニック」を一生懸命駆使しようとしたのでは。私の場合、小学生六年生のときに言われた「先生に対して何かいたずらをしてもいいぞ」という言葉は、その先生だったからこそ好意的に受けとめられたのだろう――だから、もし別の先生から同じ言葉を言われても、同じように思ったとは限らない――と思うのです。

●授業だってコミュニケーション

「わかったらうなずいて、おもしろかったら笑ってよ。おもしろくなかったら『つまんない』って顔してもいいからさ」という言葉は、つい先日も、教養科目の初回で学生らに言ってしまいました。ただしこの言葉は、先の言葉とはちょっと性格が異なると思っています。確かに山崎さんが言うとおり、「『おもしろい』／『つまらない』」といった評価・リアクションをする必要性さえとくに感じていない」ということもあるでしょう。しかし、教室で固まった身体を呈する学生たちも、授業の感想を書いてもらうと、けっこういろんなことを書くことが多いんです。それを読んでやっと、「ああ、けっこうちゃんと受けとめてくれているんだな」とか、「大事だと気づいてくれたんだな」とかとわかるんです。だったらそれを、聞いているときに表現してほしい、授業だってやっぱりコミュニケーション（コミュ（＝共通性）を作り出す営み）なのですから、そうしてくれたほうが、授業がもっとおもしろく豊かなものにできるということなんです。

ただし、「教師自身の身体性も問う必要があ」るというのは、そのとおりですね。自分自身のことは正直言ってよくわかりませんが、他の先生の授業を垣間見る機会があると、そのことを痛感します。決定的なのは、学生や生徒の反応に注意を払っているかどうか、そこに注意を払った上で伝えたいことを十分効果的にアピールしようとしているかどうかでしょう。若手で経験が浅い先生でも、それが自然と上手くやれる人もいますし、年配でベテランの先生でも、それがなかなかできない人もいます。大学教員は、教員免許も何も要らない職業。もともと「教授法」なんて求められていないんです。もっとも昨今は、大学でも教授法を考えるべきという発想が出てきて、そうしたことにかかわるＦＤ（ファカルティ・ディベロップメント）活動、すなわち、授業をいかに興味深くかつ有意義なものにするかについての創意工夫を教員間で共有するための活動がさかんになりつつあります。大学教員も当然変わっていかねばなりませんね。むしろ学生たちより先んじて。

しんどくても外へ

もうひとつ「リハビリ」の話ですが、そのための場が「『学校』の外のフィールドワークだけにしか見出せない」とは考えていません。おっしゃるとおり学校の中の教室にも、本当は実にいろんな人がいるわけですね。そうしたことへの感受性を高めていくための活動は、フィールドワーク以外にも、当然ありうるでしょう。ただし他者との異質さの程度は、学内の学生同士よりも、やはり学外の人との間のほうが大きいわけです。そういう人たちと出会っていくこと、そこでどうにか「あがく」こと、そのことを通して初めて、自分自身が見えてきたり、自分の身体のあり方が鋭く問われたりすることがあります。

卒業研究で学生が、学内の授業で質問紙を配布し、それで一気にデータを集めるということがあります。あるいは、学内の学生を対象にインタビュー調査をすることもあります。でも私は、「学生が学生の研究するなんてやめよう」と言います。自分自身が研究の対象者になりうるような対象者の選択は、学生には勧めたくありません。研究の

国は違えど……韓国にて

目的上、学生を対象に調査をする必然性が生じることはありえますが、学生を対象にデータを取ろうという学生には、身近でお願いしやすいからという消極的な理由がしっかり張りついていることが多いのです。それなら、しんどくても何とか外へ出かけていくべきでしょう。

「異なる他者と出会うことで、自分を知ることができる」という話、最近学生たちによくしています。この三月にも学生十数人とベトナムのハノイとフエをめぐりました。一週間強の短い滞在でしたが、それだけでも学生は確実に変わりますね。ベトナムにいる間に変わっていくのです。表情の硬さが取れて、生き生きとした顔つきになっていきます。ベトナムの活気に触れ、「先進国に住む自分たちのほうが進んでいる」という価値観が、どこかひっくり返されてしまうようです。そして帰国後も、何か自分で始めることが多いんです。何か自分についての気づきがあるのでしょう。ベトナムの生徒や学生たち、本当に圧倒されるぐらい元気があったりしますから。

そんな「リハビリ」の機会を、これからも作り続けていくつもりです。そういう機会づくりが、教師としての私の仕事のひとつだと考えています。大学教員になって一七年目の今年、山崎さんの書簡にも触発されながら、あらためてそんなことを念頭に、学生たちとしっかり向きあっていこうと思っています。

（二〇〇九年四月一八日）

「学校」という仕組み自体が あまりにも特殊で独特の文脈をもっているんです――山崎一希

伊藤先生

ちょっと失礼なお手紙をお送りしてしまったかな……と思っていたのですが、先生からとても真摯でやさしい問いかけのお返事をいただき、不安が拭われました。僕は学生になってみたり教師になってみたりという、ちょっとズルい立場で書いていますが、一方で現実に「教師」という立場を生きている伊藤先生の言葉はリアルで、今回の往復書簡の意義を痛感しているところです。

「共感」の条件

〝丸写し〟の学生レポートに対する「どうしてこんな稚拙なサボり方をするのだ」という呟き、思わず笑ってしまいました。いかに「稚拙」ではなく賢い「サボり方」をするか、というのはこの書簡でも言葉を換えて触れてきたことですね。「私たちはどこかではサボらないと生きていけないところがあります」という先生の言葉、僕も同感です。子どもも大人もそれぞれの事情でストレスフルな毎日を生きていながら、それでも（先生の言葉を借りれば）「どうしようもなく存在してしまう」制度なり秩序なりを成り立たせなくてはいけない。そういう状況をお互いに理解しあった上に、「サボる」というのは成功しうるものなんですよね。この「共感」（＝サボらざるを得ないことへの理解）なくしては「サボる」ことはできないのだと思います。その意味でレポート丸写しの学生の「サボり方」は、「共感」からあまりに程遠かったのでしょう。

前回の書簡で、教師が子どもたちの「抵抗」「サボり」を先回りして口にすることの違和感について触れたわけですが、それに対し、「中学時代の先生に『他のクラスの人や先生に見つからないように遊びましょう』と言われたという話」についてはどうか、というご指摘をいただきました。なぜ僕が「好意的に受けとめた」のか。それは伊藤先生の言うとおり「文脈」の問題だったのでしょう。ただそれを「信頼感」と言い換えてしまうと、なんとなくポイントが霞んでしまい、どうしても教師と生徒の信頼関係の議論から脱け出せなくなるので、今回は別の面からあらためて考察してみたいと思います。

さきほどの「共感」という言葉を使えば、O先生の「他のクラスの人や先生に見つからないように遊びましょう」という発言には、僕たちが（というか、僕が）充分に「共感」できるところがあったんですよね。といっても、その「共感」は「遊びましょう」という言葉というより、「他の、ク、ラ、ス、の、人、や、先、生、に見つからないように」という部分に向けられていたように思います。なんとなく察しがつくでしょうが、僕たちはO先生を自由でちょっと風変わりな教師として捉えていました。したがってO先生が担任を務める僕たちのクラスも「自由」でちょっと「(「おもしろい」という意味で) 変」。一方、それに対して「他のクラスの人や先生」のイメージは「自由じゃない」「生真面目」になってしまう。僕たちのベースにはこの対立構造の認識がまずあって、その上で「他のクラスの人や先生に見つからないように遊びましょう」という言葉を受け止めたわけです。これはO先生自身もわかっていたのだと思います。したがって、ある種の皮肉が込められたこのミッションは、僕たちにとって、「クラス」というきわめて限られた環境における「自由」の確認作業のようなものだったのでしょう。きっとその意義に「共感」できたからこそ、当時あれだけ必死になっていたんですね。

●演出に乗ること、みずから演出するということ

このように振り返ると、この実践の問題点も見えてきます。これは他のクラスに対する優越感を増幅させるだけではないのか、とか、教師に演出された「自由」ごっこではないのか——実際僕はこのクラスの一員であることが誇らしく、O先生のことが好きでしたが、同時に他の先生は好きになれなかったし、どこかで他のクラスの人たちを憐れんでいた気がします。でもその一方で見逃せないのは、少なくとも僕たちは実践の意義に「共感」し、その優秀なプレイヤーたることを楽しんだという面です。別な言い方をすれば、客観的にはどうであれ僕たちにとってはそこに参加することが「リアル」で、そしてO先生はそれを把握していた、というこ

とです。伊藤先生が前回「それ（＝授業で感じたいろんなこと）を、聞いているときに表現してほしい、授業だってやっぱりコミュニケーション（コミュ（＝共通性）を作り出す営み）なのですから、そうしてくれたほうが、授業がもっとおもしろく豊かなものにできるということなんです」と書いていらっしゃいますが、まさにこの「授業がもっとおもしろく豊かなものにできるということ」への「共感」・「リアル」さこそがひとつのポイントなのだと思います。

そういえば、僕が番組制作の仕事に就いて最初に先輩に言われたのも、この「共感」というキーワードでした。さきほどの伊藤先生の言葉、「授業がもっとおもしろく豊かなものにできる……」の「授業」はそのまま「番組」にも変えられます。公開放送でもない限り、ラジオ番組の制作の現場でリスナーの反応を直接得るのは難しいのですが、それでも寄せられるメールやFAXの言葉をもとに、よりおもしろい方向へと生番組を構成していくことこそ生番組の醍醐味です。もっとも、フリーリクエストやメッセージを寄せやすいテーマを設定すれば、たくさんおたよりは届くんですよ。でも僕自身はそれよりも、一見普段の生活とは関係がないようなトピックスを設定した上で、そこにどう「共感」してもらうか、そこに頭を働かせて工夫したい。まずは自分がアンテナを伸ばし、いろんな方向からおもしろさを感じる。そしてそれを「共感」へと広げていけるような番組企画・構成に練り上げていく。そりゃあ失敗することもあります。というか、圧倒的に失敗のほうが多い。でも成功を実感し、「してやったり」と思うこともときどきある。そのときは、それまでマニアックでしかなかったあるコミュニティに、

ラジオ番組でも「REAL」がたいせつ。

大きな膨らみを与えることができたような充実感を得ることができます。

「学校」とは大きなフィクション

話がちょっと逸れましたが、とにかくこの「共感」をもとにすれば、実は「学ぶ」も「サボる」「遊ぶ」も同根に考えられるんですね。僕は必ずしも「共感」「リアル」イコール「ノンフィクション」だとは思っていないんです。ここを混同してしまうと、たとえば現実の社会運動をナマのまま教室にもちこんでしまうような授業になってしまう。子どもたちが役所に行って首長に直接政策提言するような例（書面を手渡しする写真が新聞に掲載されたりもする）をときどき目にしますが、僕はなんとなく変な感じがします。どことなくやらせっぽいというか……。

このやらせっぽさ、よそよそしさの根本には、「学校」という仕組み自体が実は大きなフィクションなのではないか、ということがあると思うんです。もともと現在の「学校」というのは、「知」というものが子どもたちの生活文脈とは無関係に捉えうる、という発想の上に成り立っているといえます。いや、より正確にいうと、「学校」という仕組み自体があまりにも特殊で独特の文脈をもっているんですよね。ある体系で区切られた知識の括り、秩序を保つ規律、同じ年齢というだけで集められた集団……それらの固まりが大きな「フィクション」なんです。このフィクション性から目を逸らして、どんなノンフィクションなトピックを扱っても、そこにはよそよそしさが残るのではないでしょうか。そうではなく、「学校」という「フィクション」をまず共有・了解した上で、その中での「リアル」——そこが「学校」という場だからこそ存在する生活文脈——を追求し、そこから練り上げるような実践こそが大切なのです。ここにこそ「教材化」の本質があるのだと思います。

「宇宙人に誘拐された」O先生

ただし、この「フィクション」の中身については常に敏感である必要があるでしょう。とくに「フィクション」を作りうる立場にいる人はそうでなくてはいけない。僕の仕事でいえば、リスナーの「共感」のアンテナの動きを意識して、おもしろい番組を構成し続けなくてはいけないんですね。でないとすぐに飽きられてしまう。同じように、教師と子どもの関係で考えると、教師は子どもたちの成長・変化の具合、そして「学校」「教室」という場で感じていることを常に敏感に捉えながら、よりおもしろい世界＝「フィクション」を作っていく必要がある。すなわち、教師の側も自らの授業実践や学校観を常に評価し、しなやかに更新していかなければばならないのです。教育学者の佐藤学さんの言葉を借りれば、「カリキュラムの批評」がますます大事になってくるんですね。こればっかりはサボるわけにはいきません。

さて、「フィクション」といえば、僕がすぐに思い出すのはやっぱりO先生のこと。ある日の一時限目、英語の授業です。O先生がなかなか来ない……と思っていたら、そこにALT（外国語指導助手）の先生となぜか学年主任の先生がいっしょに現れました。曰く、「O先生は宇宙人に誘拐されました」とのこと。突然何を言い出すのかと思いきや、そこで始まったのは犯罪などのトラブルに巻き込まれたときの英会話講座。ちなみに僕はこの授業で「FREEZE！」という単語を覚えました。そして――この日O先生が実は学校に遅刻していたのだという事実を知ったのは、それから数年の後のことです。賢い「サボり方」ができる人を育てるのは、より賢い「サボり方」ができる人だということでしょうか。僕ももっと腕を磨きたいと思います。

（二〇〇九年五月七日）

「学校」のフィクション性とでもいうべきものは、小説や映画とはちょっと違うところもあります――伊藤哲司

山崎さん

「自由でちょっと風変わりな教師」のO先生と山崎さんたち生徒との「共感」を醸し出した「文脈」がよく伝わってきました。それはまさに私にとっての、小学校五年生・六年生のときの担任の先生――イニシャルをとるとこちらもO先生なのですが、区別するためにOK先生としておきます――と私たち生徒が生みだした「文脈」と、あらためて重なって見えてきました。

今でも忘れない光景があります。五年生になって新しいクラス編成になり、朝礼で各担任の先生の名前が発表になったのですが、「五年二組担任はOK先生です」と校長先生が言ったときに、私も、そして同じクラスになった友だちもみな、思わず「バンザーイ！」と大声で叫んだのでした。

それは、いつもは淡々と進む朝礼の中で、明らかに異例の光景でした。二クラスしかない学年だったのですが、たぶん五年一組になった人たちは、さぞかし残念に思ったのではと想像し

ます。その私の想像は、一組になった人たちへの憐れみのような気持ちにつながっていました。「いいだろう？　俺たちの先生はＯＫ先生なんだぜ！」、と。

五年二組はそのまま六年二組となり、先生もクラスのメンバーも替わることがありませんでした。いま振り返るとたまらなく懐かしさを覚える二年間を過ごしました。私たちにとってそれは最高だったわけですが、一方で山崎さんが書いているように、この構造が「他のクラスに対する優越感を増幅させるだけではないのか、とか、教師に演出された『自由』ごっこではないのか」といった問題を実際に引き起こしていたとも思います。それは、生徒の私たちが解決すべき問題でもなければ、そもそも解決できる問題でもなく、各々の教師がそれぞれ魅力的な世界をクラスの中に作り出すよう工夫してもらうしかなかったわけですが。

●教師を演じるということ

「学校」は「フィクション」だという話、なるほどと思いました。私たちもまた、ＯＫ先生がリーダーシップをとって作り出されたフィクションの世界で遊ぶことができました。当時まだ本当に若手の――いまの山崎さんと同じ二〇歳代の――先生でしたが、本当に巧みに私たちの心をつかんでいました。自分自身が教師となったいま、だからこそ自分が担当する授業では、独自の世界を学生たちと紡ぎだしていけばいい――もちろん何でもありということにはなりませんが――のだと、あらためて思います。

私が担当する教養科目（主に一年生向けの講義）には、茨城大学の全学部から三〇〇人近い学生が毎年受講に来てくれます。大人数相手の講義をするのを嫌う教員が多いのですが、私はどうせなら、集められるだけ集めてやろうなんて思っています。自分の声を多くの学生に直接届けられるチャンスですからね。そこでは、拙著『改訂版・常識を疑ってみる心理学――「世界」を変える知の冒険』(北樹出版)を使って、かなり独特のスタイルで授業をしています。「常識を疑ってみる」ということをキャッチフレーズにして、「情報」「社会」「国際化」「科学」「心理学」の「常識」を問い、それを疑ったところに、別のモノの見方があるということを、実践して示していくのです。そこには「正解」はありません。教師の言うことすら「疑え」というのですから、学生たちは最初面くらい、ちょっと戸惑い、でも大方の学生たちはそのおもしろさに気づいていってくれるようです。

とはいえ学生たちは、やはりその場での反応は鈍いことが多く、「教壇の上の孤独」を感じることも少なくありません。自分一人がベラベラと馬鹿みたいにしゃべっている姿にふと気づいて、一瞬たじろぐんです。でも、そういうときこそ、多くの観衆の前での役者になったつもりで「伊藤劇場の一人芝居」を演じきればいいのかなと、「学校」はフィクションという山崎さんの指摘を聞いて思いました。

もちろん役者は、観衆の反応に敏感にならないではいられませんから、学生たちが授業の感想として書いてくることに目を通し、次の授業でその一部を紹介し、質問があれば、たとえそれが愚問と思えても、できるだけ丁寧に答えるようにしています。その授業、先輩から噂を聞いて受講に来ましたという学生もけっこういるようなので、これからも一生懸命演じていきたい、演じきれるようにしていきたいと思っています。

「大きな事件はいらない」

学校の授業と、ラジオ局の番組と、それがある意味で同じというのも、本当にそうなのでしょうね。そして私がとても共感を覚えたのが、「一見普段の生活とは関係がないようなトピックスを設定した上で、そこにどう『共感』してもらうか、そこに頭を働かせて工夫したい。まずは自分がアンテナを伸ばし、いろんな方向からおもしろさを感じる。そしてそれを『共感』へと広げていけるような番組企画・構成に練り上げていく」という部分です。そこにきっと、ディレクターとしての山崎さんの真価と、これからのさらなる可能性があるのだろうと思いました。

映画などでもそうですが、派手なアクション的なものが入れば、とりあえず衆目を集めることができます。でも一見平凡で地味なのだけれど、大事な問題がそこに秘められていて、そこへの共感の想いを馳せてもらいながら、じっくりと浸透させていけるような、そんなものを作り出していけたらいいですね。映画『男はつらいよ』シリーズの監督・山田洋次さんが、「大きな事件はいらない」と、何かに書いていました。映画のシナリオを書いていく上で、大きな事件をそこに盛り込まなくても、十分おもしろい映画が撮れるという意味です。そうしたものこそが、単なる消費の対象としてすぐに忘却の彼方に置かれてしまうようなものとは逆の、それに接した人たちの記憶に永く残るものになるのだと思います。

ところで今年度、非常勤講師を引き受けたある専門学校での最初の授業、教室に入ってみたら、ドヨーンという空気が漂っていたんです。みな最初から「授業なんてどうせつまらないんでしょ」という顔をしていました。その学校の最高学年の三年生たち、女子学生ばかり四〇人ぐらいの教室です。うわ、こりゃ大変だと、入った瞬間に思いました。ずっとそんな感じで授業を受けてきたのかもしれません。そういうのは、教室に入ってすぐにわかります。馬は、乗り手の上手い下手をすぐに見分けると言いますが、さしずめ馬のように、そこでは私も敏感です。

そんな教室の学生たちと、一回につき九〇分×二＝一八〇分も対峙せねばならなくなりました。とても普通の講義では保たないと思い、半分は何か別のことをやることにしました。ちょっとしたゲームのような方法を使って、半ば遊びつつコミュニケーションのはかり方を自分で振り返ってみるような課題を入れたのです。ルールを説明しても学生たちはなかなかシャキッとは動いてくれません。すぐにおしゃべりワイワイモードに入ってしまうんです。でも、それでは何の気づきも得られない。幾度も丁寧に説明し、辛抱強くかかわっていった結果、学生たちの態度も少しずつ変わっていきました。

授業なんてつまらない。社会問題には関心がない。まじめなんておもしろくない。気の合う友だちとワイワイとおしゃべりしているほうが楽しい――というように見える学生たちが、ときには少し腰を落ち着けて物事をじっくり考えてみる。そしてそれがとても大事なことで、これからの自分の人生に大きな影響力をもってくるのだということに気づいてほしい。というか、そういうことには薄々気づいているのだけど、そしてそこに入っていきたいのだけど、入るきっかけをつかめないままおしゃべりワイワイモードに引きずり込まれてしまっていた、と言うほうが正確なのかもしれません。学生たちが書いたものを読むと、案外センシティブで、友だちづきあいの悩みひとつとっても、かなり深いものがありそうです。表面的なちょっとチャラチャラとした態度とは裏腹に、本当は少し変わりたいと思っているように私には見えます。

そのためには、何かきっかけが必要なのでしょう。講義の中では映像資料も使いながら、たとえば結婚してからの役割分担にかかわるジェンダーの問題、在日外国人への偏見・差別の問題、あるいは脳死移植に伴う家族の問題などを取り上げていきました。すると、まあ相変わらずという学生も少なくないのですが、少し目つきが変わってきた学生が出てきたんです。一生懸命考えて、自分なりの考えを感想として書いてくれるようになった学生がチラホラと見られるようになりました。そこではとりあえずどんな意見でも許容されます。なにせフィクションですからね。私は、下らないことは書くなというようなことは言いませんし、とりあえず安全で守られているわけです。

●昔の学生は優秀だった⁉

ただし「学校」のフィクション性とでもいうべきものは、小説や映画とはちょっと違うところもあります。「学校」というフィクションは、その外側にすぐノンフィクションの社会――それもまた別のフィクションかもしれないのですが――が拡がっていて、つねにそれとつながっているわけです。「学校」というフィクションの中では許容されることが、その外の世界では通用しないかもしれない。授業の中で書いた自分の意見が、世間で通用するかどうかはわからない。そういう厳しい外の現実には、学生たちのみならず、子どもたちも接していたりするのでしょう。家族が崩壊しているとか、そうした現実にかかわらざるをえない子どもたちもいますね。

だからこそ、フィクションとしての「学校」は、少しホッとできる空間にしていきたい。山崎さんが「同根」だと指摘した「学ぶ」「サボる」「遊ぶ」が詰まった世界、そしてそこから生みだされる「共感」できる状況を作っていきたい。たぶんそうしたことが少しは目指されていた「ゆとり教育」が、心ない一部の官僚と政治家たちによってあっという間に見直されてしまい、学校の中がまた息継ぎもできないような場になってしまいつつあるようにも見えます。

近年、「学力低下」ということがよく言われ、同僚でも「昔の学生はもっとできた。今の学生は……」というようなことを口にする人が多いのですが、私は必ずしもそう思っていません。昔も、本質的なところをやらない学生はいましたし、今でも、気骨のある学生も出てきます。学生たちをダメな存在と思ってしまったら、教師としての仕事はまともにできませんからね。「学校」というフィクションの中での「リアル」の追求、そこから紡ぎだされる実践、「そこにこそ『教材化』の本質がある」という山崎さんの指摘、正鵠《せいこく》を射たものと思いました。今日もまた、これから三〇〇人相手の講義があります。どうにかこうにか一人芝居の役者を、ちょっと身震いしながら、また九〇分間演じきってこようと思います。

（二〇〇九年五月一五日）

子どもにとって田んぼは学びの宝庫

学校の当事者にとっては、学校的な〝お約束〟自体がかえって「安心」の基準になっていることがあるんですね――山崎一希

伊藤先生

突然ですが、先日久しぶりに東京へ遊びに行きました。都内の下町をいくつかめぐってみたのですが、そのコースのひとつに「柴又」も入っていました。そう、先生が前回の書簡で触れている映画『男はつらいよ』シリーズの舞台ですよね。何を隠そう、僕も寅さんファンでして、語り出したら止まらないほどなんです。ところが柴又、帝釈天にはまだ行ったことがなく、今回満を持して訪れ、「とらや」さんでお昼ご飯やお団子を食べたりしながら楽しんできました。

山田洋次監督の「大きな事件はいらない」という言葉、とても共感できます。バス停などで一休みしている寅さんの夢から始まり、久々に「とらや」に帰ってくるものの、おいちゃんやたこ社長と喧嘩して再び出ていってしまう。その旅先で〝マドンナ〟に出会うものの、もう少しのところで振られてしまい、また新たな旅に出る……この〝お約束〟のプロットこそが寅さんの世界そのものであり、僕たち観客の多くはそれを前提として寅さんの啖呵やセリフ、細か

な展開、出演者たちの演技を楽しんでいるわけです。古典落語と同じような感じですね。

このように、物語のプロット（〝お約束〟）が多くの人に共有されているものは、言うまでもなくパロディ作品も作りやすいわけですが、その意味では『男はつらいよ』のシリーズというのは、自らのパロディを作り続けてきたようなものなんだと思います。「自己パロディ」とでもいいましょうか、それを会得するとシリーズ物はいくらでも書き続けられるんですよね。もちろん、〝お約束〟を〝お約束〟として観客に認識してもらうまでが一番大変なのですが……。これはラジオ番組も全く同じです。というか、聴取のされ方が一過性で、かつレギュラーの帯番組（複数曜日にまたがって同じ時間に放送する番組）が基本となっているラジオこそ、こうした〝お約束〟が大事だったりします。実際に僕自身、ラジオドラマのシナリオを書く上で『男はつらいよ』の世界観も大いに参考にしています。

究極のフレーズ
「それを言っちゃあ、おしまいよ」

●フランスと日本の違い

さて、前回からフィクションとしての「学校」について考えていますが、実はこの「学校」こそ「自己パロディ」の権化ではないでしょうか。数々の〝お約束〟を前提としながら、日々展開されているフィクションですから。以前、ある知人がフランスで小学校を見学したときのことを教えてくれました。いくつかの学校を回ったけれども、それぞれの共通した部分をつかむのがとても難しく、新しい教室を見るたびに戸惑ってしまったそうなんです。もちろんそれが海外だったから、ということはあるにせよ、ではたして日本国内の学校において、そこまでの戸惑いを感じられるほどの差異、独自性があるでしょうか。確かにユニークな学校もありますが、黒板、並べられた机と椅子、時間割、教科書……といった〝お約束〟のイメージはどこにも強く存在しており、日本の学校を知らない人であっても「共通した部分をつかむのが難しい」という戸惑いは少ないのではないでしょうか。この〝お約束〟の安心感（戸惑いが少ないという意味で）に担保されながら、学校の「自己パロディ」は繰り返されるのではないでしょうか。

僕自身、「学校」というものは、そうした「自己パロディ」の輪を断ち切り、そこに集まる子どもたちの「学び」を軸に、それぞれ独自のプロットを組み立てていくのが理想だと思っています。しかし、一方で現状においては、この〝お約束〟の意義も実は感じていなくはないんです。

規律と安心

数年前に、ある通信制の私立高校の先生と話をする機会がありました。その学校の生徒の多くは、小中学時代に不登校を経験しているそうなのです。なんとなく、そうした子どもたちは「学校」的な規律（ディシプリン）に嫌気がさしており、そこから逃げようとしているようなイメージがあったので、「彼らはチャイムなどのような学校文化には嫌悪感を抱いているのでは？」という質問をしました。しかし、その返事は僕にとって意外なものでした。その先生曰く、「そんなことありません。むしろ、チャイムとか朝礼とか掃除とか、積極的に求めるんです」とのこと。むしろ「チャイムとか朝礼とか掃除とか」といった学校的な規律に「ついていけなかった」というコンプレックスがあるからこそ、「今度こそはついていきたい」という意識が強まるのではないか、というお話でした。

伊藤先生の「フィクションとしての『学校』は、少しホッとできる空間にしていきたい」というお話、僕もまったく同感です。しかしながら学校の当事者にとっては、学校的な〝お約束〟自体がかえって「安心」の基準になっていることがあるんですね。〝お約束〟自体の是非を問うことは簡単ですが、一方で現実的にそういう作用が働いているということは、無視することができないと思います。下世話なたとえですが、誰かに「『男はつらいよ』なんてマンネリじゃん」と言われても、寅さんファンにはピンとこない（むしろマンネリを楽しんでいる）のと同じかもしれません。

とはいえ、寅さんのおもしろさ、安心のマンネリを作っているプロットそのものは、決して普遍的なものではありません。コメディに携わる人などが試行錯誤を経て、歴史的に作り上げてきたものなのです。「クリエイティブ」といわれる僕たちは、一方でそうしたプロットを学び、伝統として踏襲しながらも、同時にそれを壊し、新しいプロットを提示していく責任をも担っています。それは学校の〝お約束〟のプロットにおいても同じことがいえますよね。ですから、私たちは学校の多様なあり方を考えると同時に、そもそも現在の学校の〝お約束〟、マンネリというのがどういうもので、それが当事者をはじめかかわる人たちにどう作用しているのかを、丁寧に紐解いていく必要があります。

パロディとしての『中学生日記』

本来「パロディ」というのは、元の作品の単純な模倣ではなく、そこに「批評」という意味合いが込められているものです。さきほど、フィクションとしての「学校」について「『自己パロディ』の権化」と書きましたが、この「自己パロディ」についても「批評」という積極的な要素を加味すれば、新しい可能性が見えてくるような気がするんです。

そこで僕が個人的に関心をもっているのが、「演劇」です。とくに、学校・教室を舞台にした演劇を、児童・生徒たち自身が作り、演じ、発表するような実践ができないかと。学校の「パロディ」を自分たちで作ることで、「批評」を実現していくわけです。学校演劇のそうした面に注目した実践がないかと調べたことがあるのですが、残念ながらまだ出会えていません。ただ、ふと思い出したのが、ＮＨＫで放送されている『中学生日記』という長寿番組です。この番組はＮＨＫ名古屋放送局の制作で、実際に名古屋圏内で生活している中学生たちが、本名で出演しています。確か伊藤先生も名古屋のご出身でしたよね？　この番組について何か知っていることがありますか？　僕はときどき観るぐらいなのですが、この『中学生日記』について調べていたら、インターネットでこんな記事を見つけました。一九九六年、『中学生日記』制作スタッフが第5回ペスタロッチー教育賞を受賞したときの表彰式のレポート記事です。

表彰に続いて、大久保晋作チーフディレクターが、番組制作の背景について記念講演を行った。その中で大久保氏は、脚本が登場する中学生たちの生の体験に基づいていること、配役も素人に近い中学生たちのそれぞれのパーソナリティーによって割り振られることを明らかにし、番組制作を通して「名北中学生」を演じる生徒たちが実際に変化、成長していった事例を具体的に紹介した。

「演じている人間が変わり成長するからこそ、番組を制作する意味がある。それがなければ子どもを利用するだけだ」、「大人は社会のひずみをすべて子どもに宿題として与えている」、「今の子どもがどうこうと言う前に、人間らしい人間として子どもの前に立てる大人がどれほどいるか」これらの氏の言葉は、多くの聴衆の耳に残るものであった。

(http://home.hiroshima-u.ac.jp/forum/28-5/pesta.html　文：坂越正樹)

この記事から、番組に脚本家がいるものの、ドラマの筋を子どもたちとの対話の中から作り上げていること、そして子どもたち自身が演じることで変化をしていく姿が見えてきます。もちろん、この記事だけでは実情を把握することはできず、自分も一度この現場を取材してみたいとかねがね思っているのですが、この『中学生日記』という番組が数十年も特定の地域でドラマ作りを続けているということは、とても示唆的であるように感じます。マスコミで働く自分としては、こういうプロジェクトを少しでも作ってみたいし、別にテレビやラジオでなくても、教室での演劇実践としても取り組まれたらよいな、と思っています。

フィクションとしての「学校」。その「自己パロディ」の輪をプッツンと断ち切るわけでもなく、かといって呑み込まれるのでもない。「学校を語りなおす」という試みの意義が、ここにもあるような気がします。それでは。

（二〇〇九年五月二四日）

「学校」がもっている枠組みは、実は案外よくできているということなのだと思います――伊藤哲司

山崎さん

また刺激的なお手紙をいただきました。山崎さんの言葉とアイディアの豊かさには感心するばかりです。「自己パロディ」というキーワード、なるほどと思いました。この往復書簡も、そろそろ締めくくりの時期にさしかかってきましたが、ここまで来てもアイディアが途切れないところがすごいですね。

寅さんと北朝鮮

寅さんについて、そうですか、山崎さんも大ファンだったんですね。葛飾・柴又、二、三度だけですが、私も行ったことありますよ。独特の雰囲気がありますね。具体的なある界隈がずっと舞台になり続けた映画というのは、ほとんど例がないのかもしれません。『男はつらいよ』全四八作は、すべて観ました。寅さんを二〇年以上も演じ続けた渥美清さんが一九九六年夏に逝ってしまい、第四九作目が幻になったときは、さすがにえも言われぬショックを受けました。

そのニュースを聞いたのは、ちょうど市民団体ピースボートの企画した船で北朝鮮へ旅をする直前のことでした。

　北朝鮮の金正日総書記が映画好きで、なかでも『男はつらいよ』シリーズが好みだという話を聞いたことがあります。いま北朝鮮のイメージは最悪ですが、私が実際にかの地へ行って知ったのは、そこでも人々が生活を送っているという当たり前のことでした。その国に君臨している彼も本当は寅さんが好きというならば、今の北朝鮮のような硬直した体制ではないものを作り得たのではないかと、そんなことをふと思ったりします。つい最近の北朝鮮の核実験のニュースには愕然とします。寅さんなら、「それをやっちゃあおしまいよ」とでも言うのかもしれません。あらためて寅さんでも観ながら、少し頭を冷やしてくれるといいのですが。

　それにしても寅さんほど「学校」という枠組みに収まりそうにない人もいないような気がします。生徒として教室でじっと真面目に授業を受けるとはとても思えず、先生になったとしてもきっと脱線しっぱなし。でも甥っ子の満男にとっては、頼りがいのなさそうに見えるこの寅さんが、一番頼れる存在だったりするわけです。それを見ている私たちも、しっかり者の妹・さくらのハラハラドキドキに共感しつつ、マドンナとの淡い純愛にやきもきしつつ、やっぱり寅さんみたいな人も世の中にいないとねと、どこかで思ったりしているのではないでしょうか。

　いやもっと言えば、自分自身が寅さんのように旅をしながら自由奔放に生きてみたい、そう思う人も少なくないのではないかと思います。自分の気持ちに正直に、少しまわりに迷惑をか

北朝鮮の子どもたち

けてでも自分のやりたいことを貫いて、それでいて自分を思ってくれる人たちがいる。そんな生き方への憧れは、私にもあります。実際にはなかなかそんなふるまいはできませんから、せめて映画の中で寅さんの姿を追いかけて、少し溜飲を下げたりしているわけですね。

●「学校」の可能性を信じて

しかし、寅さん的な自由奔放さは、まったく不可能というわけではないようにも思います。簡単には崩せない「学校」という枠組みの中で、こんなときには寅さんだったらどうするのだろう、寅さんだったら何を言うのだろうなどと、考えてみるのも無益ではないでしょう。

映画『男はつらいよ』シリーズが「自己パロディ」で、その主役である寅さんが収まりそうにもない「学校」もまた「自己パロディ」だとしたら、おもしろい構図だなと思います。「自己パロディ」の「学校」からはみ出してしまうであろう寅さんが、また自ら別の「自己パロディ」を紡ぎだし続けてきたと言ったらいいでしょうか。何かそのような型を創造していくことによって、人はある程度安定して、しかしそこに安住しきってしまうことなく、その上で活躍できるのかもしれません。寅さんにとってそれは「学校」ではなく、そこを飛び出した何か——テキ屋の世界でしょうか——だったのでしょう。

大胆に「学校」以外の場所で生きていくのも、ひとつの生き方です。でも私たちはなお「学校」の可能性をどこかで信じ、それを語りなおす中で、希望をそこに見出そうとしてきたわけです。そうしたスタンスに立ち戻ってみると、山崎さんが書いていた通信制の高校の先生の話は、とても象徴的だなと思いました。「学校」的なものから逃げようとしているのではと思った生徒たちが、むしろチャイムとか朝礼とか掃除とかを積極的に求めるという話です。

「学校」に対しては、いろいろな批判がなされるわけですが、「学校」がもっている枠組みは、実は案外よくできているということなのだと思います。ここ百数十年ぐらいの間に「学校」という形が整い、もちろんいろいろ問題はあれども、多くの経験的な知が積み重なって作られた枠組みは、そう捨てたものではないのでしょう。

でも、だから現状のままでいいという話にはもちろんなりません。そこであらためて「自己パロディ」という言葉を考えてみたいと思います。

●社会や学校を「パロディ化」する

パロディという言葉には、ある作品に対する模倣と、しかしそこから少しズラしていくという側面と、両方が含意されていますね。パロディは、本物と似ているけど、あえてちょっと違えてあるものです。そこで重要なのは、どのくらいどのように違ったものにするかということです。あまりに違いすぎても、逆にほとんど違いがなくても、パロディにはなりませんね。ほどよい違いがあり、しかもその違いの中に、的確な批評が込められていることが必要だと思います。「的確な批評」たりえる規準をはっきりさせるのは難しいですが、友だちを嗤《わら》うのはおそらく許容されず――それはすなわち「いじめ」ということですから――、でも社会や学校を嗤うのは、その内容にもよりますが許容されうることでしょうし、それがあってこそ、「自己パロディ」としての「学校」が、少しおもしろくなっていくという気がします。

道徳の補助教材「心のノート」の内容も含め道徳の授業がおもしろくないのは、このような意味でのパロディを許さない妙な生真面目さが、露骨に顔を覗かせているからなのだろうと、ここまで書いてきて気づきました。今年度はじめ、中学校二年生の娘の授業参観に行ったのですが、そのとき見たのが道徳の授業で、テーマは「義務と権利」。新聞記事を使って就職活動をする学生に各企業が求めていることを読み取らせ、それをすなわち私たちの「義務」と読みかえさせ、かつその「義務」を果たしてこそ君たちには「権利」が与えられるという内容でした。社会が求めるものがイコール義務なのか、義務を果たさなかったら権利は本当にないのか、そうした本質的な問題は棚上げされたままで、大人の私が聞いていてもつまらない。それをおもしろいと思う中学生がいたとしたら、かえってどうかしています。

先生たちも立場上そう教えるしかないという状況に置かれているのかもしれません。でももう少しやりようがあると思うのです。そこで山崎さんが触れている演劇の可能性ということにつながっていくのかなと思いました。NHK名古屋放送局制作の『中学生日記』、私が中学生のころからありましたね。そして私は一九七〇年代の終わりごろ、名古屋のある中学校に通っていました。もちろん出演の機会はありませんでしたが。

『中学生日記』をたくさん見たわけではないので詳しいことは論じられないのですが、たしかに他のドラマとは、ちょっと異質だなと思っていました。中学生の本音が垣間見えるといったらいいでしょうか。きれい事ですませられないものを、当時からあえて盛り込んでいたように思います。そして山崎さんの「番組に脚本家がいるものの、ドラマの筋を子どもたちとの対話の中から作り上げている」という解説を読んで、なるほどそうだったのかと思いました。単純に消費の対象にされてしまわない何かが、この『中学生日記』にはあるのでしょう。

●あらためて「学び、遊び、逸れていく」

ここまで山崎さんと何通も書簡を交わしてきて、最初の書簡に書いた「学び、遊び、逸れていく」というアイディアに、また戻ってくることができたように思います。「学校」という枠組みを壊してしまえという話は、これまで一度も出なかったですね。むしろ、そのどうしようもなく存在する「学校」をどうするかという観点で、ずっと考え続けてきました。批判や批評という意味合いを含んだ「パロディ」という言葉に出会いあらためて思うのですが、「学校」はしょせんフィクションなのだということを滑り止めにしながら、その枠組みの中身を日々少しずつでも更新していくこと。教師と生徒との協働作業でパロディを生み出していくこと、そして「学び、遊び、逸れていく」こと……。そんなあたりが、暫定的ではありますが、この往復書簡のとりあえずの帰結点になるのかなと、そんな気がします。

　ところで渥美清さんは、映画館で一般の観衆に交じって、一緒に揺れながら『男はつらいよ』を観るのが好きだったそうです。偉大なる「自己パロディ」を産みだし続けられた原動力は、ひとつにはそんなところにあったのかもしれません。日々のしがらみの多い生活を送っていると、寅さんのようにフラリと旅に出たくなりますね。久しぶりに『男はつらいよ』、観てみようかなと思います。ではまた。

（二〇〇九年五月二九日）

経験そのものとは関係なく、当事者が「学校」を評価する物差しは本当に狭い範囲しか測れない——山崎一希

伊藤先生

先生、『男はつらいよ』、シリーズ全作ご覧になったんですね！　いやはや、自分も「ファン」と称したものの「全作」とはいかず、まだまだ及びません……。

さて、そんな寅さんをきっかけに出てきた「自己パロディ」という言葉、先生の視点からも掘り下げていただき、とてもうれしく、また興味深く拝読しました。とりわけ、「『自己パロディ』の学校からはみ出してしまうであろう寅さんが、また自ら別の『自己パロディ』を紡ぎだし続ける」という構図は、前回自分が書いた「『自己パロディ』の輪を乱暴に断ち切るわけでもなく、かといって呑み込まれるのでもない」という微妙な立ち位置を言い換えてくれたようで、とても腑に落ちるものがありました。「的確な批評」のない「自己パロディ」の連続は、自家中毒につながってしまいます。学校を「自己パロディ」と捉える場合、現状ではむしろこの自家中毒状態であることが多いのかもしれません。そうではなく、「ほどよい違い」をもっ

た「自己パロディ」が作られ続けるような流れを、できれば仕組み（先生の言葉でいえば「型」）として作っていきたいですよね。

●立ち位置の「複数性」

批評が込められた「自己パロディ」のポイントは、それを批評する主体と創造する主体が重なる上、その主体がさらに、紡がれ続ける「パロディ」の内部でも役割を演じているという、立ち位置の複数性だと思うんですね。こう書くとちょっと難しいですが、先生が前回の書簡の終わりに紹介してくれた寅さんの姿——「渥美清さんは、映画館で一般の観衆に交じって、一緒に揺れながら『男はつらいよ』を観るのが好きだった」——は、まさにこの「複数性」を体現しているようです。すなわち渥美清さんは、『男はつらいよ』シリーズを作る作り手でありながら、物語の中を生きる「寅さん」であり、そして「観客」として「観る」主体にもなっている。それが「偉大なる『自己パロディ』」を産みだし続けられた原動力」になっていた、という先生の見方はその意味でとても鋭い指摘だと思いました。

これを「学校」（というフィクション）に照らし合わせて考えてみるなら、子どもたち、あるいは教師という学校の「当事者」が、「批評家」であり「作者」であり「演者」でもあるという複数の立ち位置を同時に実現できるか、という問題になります。その立ち位置を意図的に浮かび上がらせる試みのひとつが、前回示した『中学生日記』のような演劇の実践なのだと思いますが、今回は他の可能性についても探ってみましょう。

ユニークな学校、「普通」の学校とは？

ここで注目したいのは、やはりパロディにおける「批評」という面です。先生の言うとおり、「的確な批評」が込められているかどうかが肝になり、「あまりに違いすぎても、逆にほとんど違いがなくても、パロディにな」らないわけですよね。したがって、パロディをパロディたらしめるためには、「学校」の作者であり「演者」でもある当事者が、同時に「ほどよい違い」、絶妙な「ズレ」の具合を見極める批評眼をもっていることが求められます。

「違い」「ズレ」の距離――自分の現在の立ち位置、あるいは目指す位置がどれほど「ズレ」ているか――を認識するためには、それを測るための物差しが必要となります。僕は、現在の「学校」の状況を鑑《かんが》みるに、この「物差し」が当事者にあまり与えられていないことが問題なのではないかと思っているんです。つまり、自分の通う学校、教室で行われる営みがどれほどユニークなのか／他と似ているのか、あるいは他の学校ではどんな取り組みがあるのか――子どもたち自身がそうしたことを知るチャンネルがあまりにもなさすぎる気がします。

大学時代、ある授業において、埼玉県の「自由の森学園高校」出身の学生と知り合う機会がありました。自由の森学園はユニークな教育理念で知られ、その当時ホームページ上でも「テストの点数や成績という一元的な尺度によって生徒の優劣を格づけ・選別する教育は、自由の森学園が行う『すべての生徒が人間らしい人間として成長することを目指す教育』の妨げになると考えるため」にテストを行っていないこと、「教師や上級生に対しても『〇〇さん』と呼びある親しい関係」が成立していることなどが謳われていました。以下は、自分が授業で「学校観」に関するプレゼンテーションをした際、その自由の森学園高校出身の女子学生が寄せてくれたコメントです。

今改めて考えると私にとっての普通の学校観は、なんとなくの自由の森学園の教育理念が総括すると反普通教育であったところからイメージをふくらました気がします。（原文のママ。傍線は引用者）

この短いコメントからは、彼女が、自身の高校時代に経験した実践について、「普通」の学校という物差しから外れている「反普通教育」であるという総括をしていることが読み取れます。逆にいえば、彼女は実際にそこで学校生活を経験したというのに、その「自由の森学園」での実践は「学校」という物差しの目盛りで測ろうとしていないのです。目盛りに採用していないというか……。ですから、経験そのものとは関係なく、当事者が「学校」を評価する物差しは本当に狭い範囲しか測れないようです。同じ意味で、以前にも触れた「尾崎豊」的な学校批判言説も、結局は小さな物差しで測った「学校」を批判するだけで、物差しそのものを変え

ることには無関心だったりします。子どもたちも教師も、常にこの短い物差ししかもっていないから、自分の立ち位置を測ったり、そこから絶妙にズレたりすることができないのではないでしょうか。

部活動と総合学習

前にも書いたように、僕は体育に苦手意識をもつ生徒でした。中学校の部活動でも運動部に入る自信はなく、数少ない文化部の選択肢の中からパソコン部を選びました。当時のパソコンルームに並んでいたのは、僕が今この原稿を書いているようなウインドウズマシンではありません。黒い画面に白い文字が浮かび上がるなんとも懐かしいマシンで、そこにＢＡＳＩＣというプログラムを打ち込んでさまざまな機能を使うのです。このプログラム言語を覚えて、僕たちの部活ではオリジナルのゲームを作っていました。といっても、初代ファミコンにも到底及ばないような稚拙なゲームでしたが……。でもゲームの企画を考え、理系に強い仲間とプログラムを完成させ、キャラクターをデザインし、さらに文化祭に向けてはポスターやパッケージまで作ってしまう……ゲームにおける「プロデュース」というのを、当時から自分たちなりに楽しんでやっていました。今でこそテレビゲームは全くやらないのですが、現在こうしてメディアコンテンツの制作にかかわっている自分のルーツは、確実にこの中学時代の部活動にあったと思っています。

そして、中学を卒業して数年が経った後、「総合的な学習の時間」などをサポートする学校ボランティアとして母校を訪れたとき、当時を知るある先生に会って話をしたんです。そこで「企画、デザイン、プログラム、広報……なんでもやっていたパソコン部のときのあの活動って、立派な総合学習ですよね？」と聞いたところ、「そのとおりだと思うよ」という答えが返ってきて、ハッとさせられたのを思い出しました。パソコン部でのゲームプロデュース＝「総合学習」ということにあのとき気づいていれば、「総合的な学習の時間」（当時僕らの学校では「Webbing学習」という呼称ですでに単位になっていました。「くもの巣（web）のような知のネットワークを構築しよう」といった意味が込められていたのだと思います）でも部活動ができたのに……と思ったわけです。

学校がおもしろく変わるヒント

こんなふうに、自分たちが「学校」の学習だと思っていない、むしろ「遊び」（学校の外、あるいは「反」学校）と思っていた要素が、実は「学校」の学びに転用できるということがたくさんあります。子どもたちはズル賢いように見えながら、その読み替えが意外とできないんです。だから、誰かが肩をポンと叩き、「それは学校の授業でもできるんじゃない？」「他の学校ではこんなこともやってるんだよ」といった進言をしてくれるとよいんですよね。ちょっと前の書簡で、「子どもたちの『遊び』を『教育』がどんどん浸食し、自由な場が奪われるようにな」る危険性に触れましたが、その意味では「学校」に「遊び」を採り入れるのではなく、「遊び」に「学校」を採り入れるような構図を作りたいものです。それだけでも、学校の「学び」のあり方を測る物差しはぐっと豊かになるような気がします。

そう考えると、たとえば、他の学校の子どもたちが「総合的な学習の時間」に何をやっているか、そんな情報を子どもたち自身が入手するためのメディアさえ、意外と存在しないんです。教師たちはさまざまな研究会などで他の学校のユニークな情報を得る機会があるでしょうが、子どもたちにはあまりない。子ども自身が他の学校のユニークなアイディアにたくさん触れ、「うちの学校ではどうしてできないのか」「うちの学校でもやってみたい」と感じれば、それを出発点にカリキュラムを構築するだけでも、充実感は大きなものとなるでしょう。

学校の「演者」である子どもたちの中に、「学び、遊び、逸れていく」ための「批評」眼を宿すことで、その自己パロディの「作者」として学校づくりに参加させていく——ここに「学校」がおもしろく変わっていくヒントがありますよね。いよいよ次が最後の往復書簡。先生の結語を楽しみにしています。

（二〇〇九年六月一〇日）

学校ごとに物差しは同じとは限らないわけです。「物差しはひとつ」と信じこんでしまうことは、ちょっと怖くもありますね――伊藤哲司

山崎さん

他の学校の子どもたちの活動を知るメディアが意外とないという話を読んで、私の小学校三年生のときのエピソードをふと思い出しました。九歳の夏休み、生まれ育った名古屋市北区の長屋の住宅から、同じ市内の守山区にある新築住宅の四階に引っ越しました。私はそれが嫌で嫌で、夏休みといえばいつも外で遊びまわり真っ黒になっていたのが、そのときは遊び相手がいなくて、本当に気落ちした夏休みを過ごしたのでした。そして九月から別の小学校に通い始めたのですが、「お腹が痛い……」なんて言って学校に行きたくないと、何度も母に訴えたようです。

●「あ、それ、ダメなんだぞ」

夏休みの工作の宿題で、プロペラで動く車を作るというものがありました。たぶん名古屋市の小学校三年生共通の課題だったのでしょう。基本的な部品がセットで配られ、それを自分な

りに少しアレンジして組み立てるというものでした。プロペラを回すためのゴムがついていたのですが、私はそこに小さなモーターを取り付け、電動で動くようにしました。家の中にいる時間がそのときは長かったので、工作にも力が入りました。引っ越し前の担任の先生にモーターを使ってもいいかと質問し、それでもいいと言ってもらっていました。そのころの私は、豆電球とかモーターとかを眺めていじるのが好きで、小さな電気部品を、宝物のようにしていつも持っていたのです。

自分ではなかなか上手くできたぞと思って、自作の電動プロペラ車を、新しく通い始めた小学校に持っていきました。そうしたら同じクラスになったある男の子がそれを見るなり、「あ、それ、ダメなんだぞ。モーターなんて使っちゃいけないって、先生が言ってたぞ」と突き放すように言ったのです。「だって前の学校の先生はいいって言ったもん」と言い返せたかどうだったか。先生にまでダメとは言われなかったのですが、フォローしてもらったという記憶もなく、何だかいけないことをしてしまったような感じがして、さらに気が滅入ってしまいました。それもまた腹痛の一因になったのかもしれません。

その後ほどなくその小学校のクラスにも馴染んでいくことができましたし、もちろん今となってはどうでもいいエピソードですが、四〇年近くたった今でもなお覚えているということは、私にとってよほど嫌な経験だったのだろうと思います。そのときに先生が、「みんなにモーターは使わないようにと言ったけど、伊藤くんの前の小学校ではいいことになっていたんだって。

おもしろい車だなぁ」とかなんとか言ってくれたなら、全然違う経験となっていたことでしょう。同じような課題が出ても学校ごとに取り組み方には違いがあることを、たしかにもっと子どもたちが知ることができたほうがいいですね。

この話は、山崎さんが書いていた「物差し」の話につながっていると思います。学校ごとに物差しは同じとは限らないわけです。「物差しはひとつ」と信じ込んでしまうことは、ちょっと怖くもありますね。

「やせ我慢」の枠組み

このことに関連して、科学史が専門の村上陽一郎さんが、東京新聞の記事「教養のすすめ――旅立ちの季節に」（二〇〇五年四月二三日）の中で、「教養のなかに『幅広い知識』、『豊かな知識』を備えている、ということを否定するつもりはない」と断りつつ、こんな興味深いことを書いています。

私にとって、教養の本義と思われるものは、「自分のなかに明確な物差しを造り、保持する」ことである。ここで「物差し」というのは、食べ物についてとやかく言わない、とか、何かに寄りかかって立たない、など、ごく日常的で些細《ささい》なことから、生命あるものを妄《みだ》りに殺傷しない、とか、他人を自分の思惑だけで裁かない、などといった、大きな倫理的なことがらまで、どこかに、自分なりの基準を設けて、どれほどそれが好ましいこと、願わしいことに思えたとしても、その基準からはみ出ると判断されるときには、決してそれを行わない、という、いわば「やせ我慢」の枠組みを指している。

（中略）誤解してほしくないのだが、それは自分に「凝り固まる」ことではない。いつもいろいろな可能性に拓かれていれば、物差し自身も変わることがあるだろう。でも、はっきりした物差しを持つことだけは、忘れずにいてほしい。それが真の教養だと私は信じる。

私は、「常識を疑ってみる」をテーマとした一年生向け教養科目の講義で、この村上さんの書いた記事を紹介し、大学に入ったばかりの学生たちにも、「教養とは何か」「物差しとは何か」を考えてもらうようにしています。あまりピンとこない学生もいますし、「教養とはやっぱり多くの知識をもっていること」だと考える学生もいます。一方で、そうかなるほどと納得し、受験準備をしていたときの勉強のスタイルから脱却し、学生時代の間に自分なりの物差しを作っていこうとしはじめる学生もいます。自分自身がどんな物差しをもっているのかを知ることは案外難しいことですが、「凝り固まる」ことなく自分の物差しを更新し続けていく努力を教員の私自身もしていることを、学生たちには示していくように心がけています。

●学校が強要する「物差し」を作り替える

どこかに絶対的な物差しが転がっているわけではなく、それはいわば価値観でもありますから、自分でそれを作っていくしかないのですね。もちろん外部から与えられる物差しもあります。でもそれは、陳腐でおもしろみもなく、子どもたちをむしろ大人しくさせる——子どもなのに「大人」のようにさせてしまう——だけの、もっと言ってしまえば、従順にさせてしまうだけのものかもしれません。「心のノート」などは、その一例でしょう。子どもたちが学校の中で育っていくときに学校が強要する小さいながらも強烈な物差し、それだけがすべてと思わずに、自分たちでそれを作り替えていくこともできるのだという気づきが必要ですね。

　山崎さんは、「子どもたち、あるいは教師という学校の『当事者』が、『批評家』であり『作者』であり『演者』でもあるという複数の立ち位置を同時に実現できるか」という観点が重要だと指摘されました。これはもちろん、山崎さんが前回の書簡の最後に書いた「学校の『演者』である子どもたちの中に、『学び、遊び、逸れていく』ための『批評』眼を宿すことで、その自己パロディの『作者』として学校づくりに参加させていく——ここに『学校』がおもしろく変わっていくヒントがあります」ということにつながっていますね。教師が、少し教師らしくなくなる瞬間、生徒たちが、少し生徒らしくなくなる瞬間、それをむしろ好機と考える

仲よしだけど、“物差し”を作っていくのは自分自身

と、山崎さんの言っていることが少しは現実になっていくような予感がします。さらには、『学校』に『遊び』を採り入れるのではなく、『遊び』に『学校』を採り入れる」という発想の転換、そこまでいければ、教師たちにとっても生徒たちにとっても、学校はとても魅力的な場にしていくことができそうです。「遊び」に「学校」を採り入れるという山崎さんのアイディア、ぜひ最後に具体的に教えてください。

小さな世界を変えることから

もちろん現実の学校を見ていると、評価と外部への説明責任といったことで教師は忙殺されています。大学もまたしかりで、これはすでに前に書きましたが、半期の授業一五コマ分を、とにかくきちっと時間を確保してやらねばならないようになりました。たまに先生が遅れてきて、そのまま授業が休講になるようなこともあった自分の学生時代――たしか先生が三〇分たっても現れないときは自然休講になるというルールがありました――とはまったく異なる状況があります。そして評価疲れするほどの評価評価評価……。そんなふうにして、手枷足枷がどんどんはめられていくことを懸念していない現場の教師がいたら、かえってちょっとどうかしてるなぁと思いますね。

しかしながら、悪い方向の変化ばかりではありません。評価などほとんどされることなく教師としての仕事ができたころに、確かにきわめていい加減な授業というのはあったと思います。いや、今でもきっとあるのでしょう。私の勤める大学では、昨今、「教育」について同僚と議論する機会が、なお不十分ですが確実にできました。以前は会議というと、学内行政の話ばかり。教育について語ることなど、飲み屋の場では別として、学内ではほとんどありませんでした。教育機関なのに、考えてみれば奇妙なことでした。それに、半期で一五コマ必ず授業があるということで学生たちも臨んでいますから、教師としては、やはりそこに真剣に向かっていかねばなりません。そういう部分で教師がサボることは許されません。

やや私的なことになりますが、昨年度までに比べて今年度は少し仕事に余裕ができ、その分学生たちとしっかり向きあおうと思ってやっています。そうすると、学生たちもよりいろいろ反応を返してくれるし、やはりこちらもおもしろいんですね。通称「茶話会」の伊藤ゼミが、心理学専攻の中では不人気ゼミであることは以前に書きましたが、実は今年度、同じコースの中で、一躍もっとも第一希望者の多いゼミになったのです。つい先日、三年生の新たなゼミ生一〇人を迎え入れました。私の学部では、これがゼミ生の一学年の上限とされています。伊藤ゼミ第一希望が一人くらいしかいない時代を知っているゼミ生の大学院生――そのときの希望者は彼だけだったのでした――は、一〇人ものゼミ希望を知って「えーっ!!」と素っ頓狂な声を上げました。四年生のゼミ生のある女子学生は、「これからは伊藤先生の時代ですよ！」と、ちょっと冗談めかして言ってくれました。

少し前まで「心理学専攻」という枠組みだったのが、今は改組になって社会学・文化人類学を含む「人間科学コース」という枠組みで学生を受け入れています。そうした中で、「心」だけに注目していてもダメなんだということが、少しコースの学生たちに浸透してきたのを感じます。伊藤ゼミ希望者がこれからも多いのかどうかはまだ読めませんが、あらためて自分の活躍する場ができたなという感じがしました。その中で私自身、自分なりの「型」をあらためて作っていきたいと思いますし、適度な批評を含んだ「自己パロディ」を、ゼミ生を中心とした学生たちと紡ぎだしていければと思っています。山崎さんに教えてもらった「学び、遊び、逸れていく」という発想を大切にしながら。

戦火がなおやまない大きな世界を変えることは難しくても、自分にとっての小さな世界を変えていくことはできます。閉塞状況の中で変えようがないように見える「学校」も、自分がかかわっている部分ぐらいなら、教師の立場であれ生徒の立場であれ、少しは何か変えていけるはずです。そんな協働の作業に多くの人が加わってくれると、学校はきっともうちょっとワクワクするような場にすることができるでしょう。そんな希望を語りつつ、山崎さんの最後の書簡へとつなぎ、また次なる対話の機会を模索したいと思います。

（二〇〇九年六月一一日）

僕は「学び」と「遊び」は本来対立するものではないと信じています――山崎一希

伊藤先生

今日は六月三〇日。二〇〇九年も折り返し地点までやってきました。この往復書簡がスタートしたのは去年の七月……もう丸一年になるんですね。公私ともにいろいろなことがあって慌ただしい一年間でしたが、この往復書簡がそんな自分のペースメーカーになっているような気がします。

「観る」アートから「かかわる」アートへ

さて、前回、子どもたちが互いの学びの情報を共有するメディアが少ないということを書きました。第一回の書簡から読み返して気づいたのですが、同じことを「スクール・メディア・リテラシー」について議論したときも指摘していましたね。やはりこの問題意識は僕の中に強くあり、それならば……ということで、実は数年前、実際に「メディア」を作ってみたことがあるんです。これは水戸芸術館現代美術センターの「高校生ウィーク」という教育普及プログラムの告知チラシとしてデザイン、制作したものです。

ちょっと説明をしておくと、水戸芸術館は美術、音楽、演劇の三つの部門に分かれていて、このうちの美術部門を担当しているのが現代美術センターです。その名のとおり、水戸芸術館では一九九〇年の開館当初から「現代美術」の企画展が中心に開かれてきました。その「教育普及プログラム」というのは、「鑑賞」というレベルよりも一歩、二歩進んだプログラムを通し、現代美術と市民とのかかわりをコーディネートするものです。現代美術の作品自体がもともとコミュニケーションツールという性質を含んでいることが多いため、「教育普及プログラム」といってもかなり多種多様なんですね。このうち、毎年春ごろの約一ヶ月間、高校生やその同年代の人たちの入場料が無料になるという招待企画が、「高校生ウィーク」です。当初はそれだけだったのですが、だんだんと〝アートを観るだけでなく、高校生自身がかかわり、動ける企画を〟という思いが芸術館スタッフの中で生まれ、さらに大型プリンターの導入など各種の環境が揃ったことから、訪れた高校生たちがその場でコンピュータを使ったポスターやアニメーション作りに取り組むワークショップが実施されるようになりました。アートを「観る」場から「かかわる」場へと広げていくことが意識されるようになったんですね。僕も高校時代、学校の美術の先生に声をかけられて友だちといっしょにこの「高校生ウィーク」のワークショップに参加したんです。当時は近くの専門学校の方たちがスタッフを務めていて、高校生の僕たちは手ほどきを受けながらグラフィック作品を作り上げていきました。このとき知り合った他校の仲間たちとはいまだに交流があります。その後僕は大学生になってからもボランティアスタッフとして毎年かかわり続け、大学三年のときにはチラシ（茨城県内の高校を中心に配布される事業案内）のデザインも担当させてもらうことになったんです（次ページ参照）。

当時、僕のような高校生、学生の対応を担当されていたのが、スタッフの樋口雅子さんという方でした。樋口さんは、「子どもたちが『学校』について考えるメディアがない」という僕の問題意識を聞いてくれて、このチラシをそんな「メディア」として活用することを提案してくれました。そこで僕は、以前この書簡でも採り上げた「M先生ステッカー」と「カフェ」の話を書くことにしたんです。前にも書きましたが、僕自身のそうした発想がもともと現代美術に影響を受けたものだったので、「現代美術の教育普及」という水戸芸術館側のニーズと摺り合わせながら完成させることができました。残念ながら、この「メディア」を手にした高校生たちの反応までヒアリングをしていないので、ここでは「作った」という事実以上のことは報告できないのですが、本当に貴重な体験になりました。

「高校生ウィーク」にカフェができた！

さて、もう少し「高校生ウィーク」の話をさせてください。今年も例年どおり春ごろに「高校生ウィーク」が展開されました。就職してからは僕もボランティアスタッフを卒業し、今はお客さんとして毎年訪れるようにしています。前述したように、僕が高校生として参加したころはコンピュータを使ったワークショップだったので、ギャラリーの奥の「ワークショップル

「高校生ウィーク」2005.2.22→3.21で入場無料になる展覧会はこちら！

建築界のビートルズがやってきた!?

ARCHIGRAM

アーキグラム

足がはえたロボット都市。
ウィーンガチャチャと歩いていく。
アーキグラムは、そんなＳＦアニメのようなことを本気で考えていたのだ！

６人の不良少年《バッド・ボーイズ》が、
保守的な建築界に旋風を巻き起こした！

自分が好きな場所で、好きなように暮らしたい
昨日はニューヨーク、そして明日はサハラ砂漠
好きな時に移動もできず、建物にしばられて、
好きなように暮らすことができないなんてごめんだ
自分が自分らしく生きるために
建物に自分の生活を制限されたくはない
どうやったら自由に暮らすことができるのか
自由に生きるための家や街を想像した
６人の若きイギリス人建築家たち
彼らの名前は
アーキグラム

《ウォーキング・シティ・イン・ニューヨーク》1964
ロン・ヘロン（アーキグラム） Image:Archigram Archives

虫のような足で歩き出す都市に、コンセントのプラグのように抜き差しできる都市、それから気球を使った出前都市……そんなＳＦのような都市を本気で考え、ユニークな形で表現しつづけてきた建築家集団が水戸芸術館にやってきた。「建築界のビートルズ」ともいわれた彼らの名前は、**アーキグラム**！1960年代、それまで堅い建設物ばかりを特集してきた建築雑誌に、ある日突然、ファッション写真やアメコミのコラージュが掲載された。都市は建物の集まりではない、文化やそこに住む人たちの生活こそが都市なんだ、というメッセージがそこにはあった。その後彼らはオリジナルの雑誌を創刊しつづけ、新しい都市や建築のイメージを次々と発表したのである。こんなアーキグラムの頭の中を、今回の展覧会では当時の模型やスケッチの形で覗くことができる。

アーキグラムを楽しむ４つのキーワード

プレイ・アンド・ノウ・ユアセルフ PLAY AND KNOW YOURSELF

直訳すれば「遊べ！そうすれば、君自身がわかる」。他人からは無駄に見える「遊び」も、真剣に追求すればそれが将来自分の生きがいになったり、将来仕事になることがある。また、「遊び」を通じて、自分が一体どんなことに夢中になれるのか、わかることもある。
そういえば、日本には「よく遊び、よく学べ」って格言がある。
想像の翼を広げ、まずは思いっきり遊んでみれば、そこで何かが見つかるかもしれない。

リビング・シティ LIVING CITY

都市＝でかい建物の集まり、ではない！そこに住む人と生活、日常のささいな出来事こそが「都市」なのだ。ファッション写真などをあしらったアーキグラムのはじめての展覧会「リビング・シティ」で、彼らが一番いいたかったこと。

プラグイン・シティ PLUG-IN-CITY

コンセントのプラグみたいに、抜き差しして組み替えできる建築。そんな建築があったら、あなたはどんな組み合わせの都市をつくる？

ベトナム戦争開始、東海道新幹線開通、東京オリンピック開催／1966　中国文化大革命、ビートルズ来日／1968　米国キング牧師暗殺、東大紛争
会開催／1972　日中国交正常化、浅間山荘事件／1973　石油危機

designed by Yamazaki Kazuki　illustrated by みやたゆき

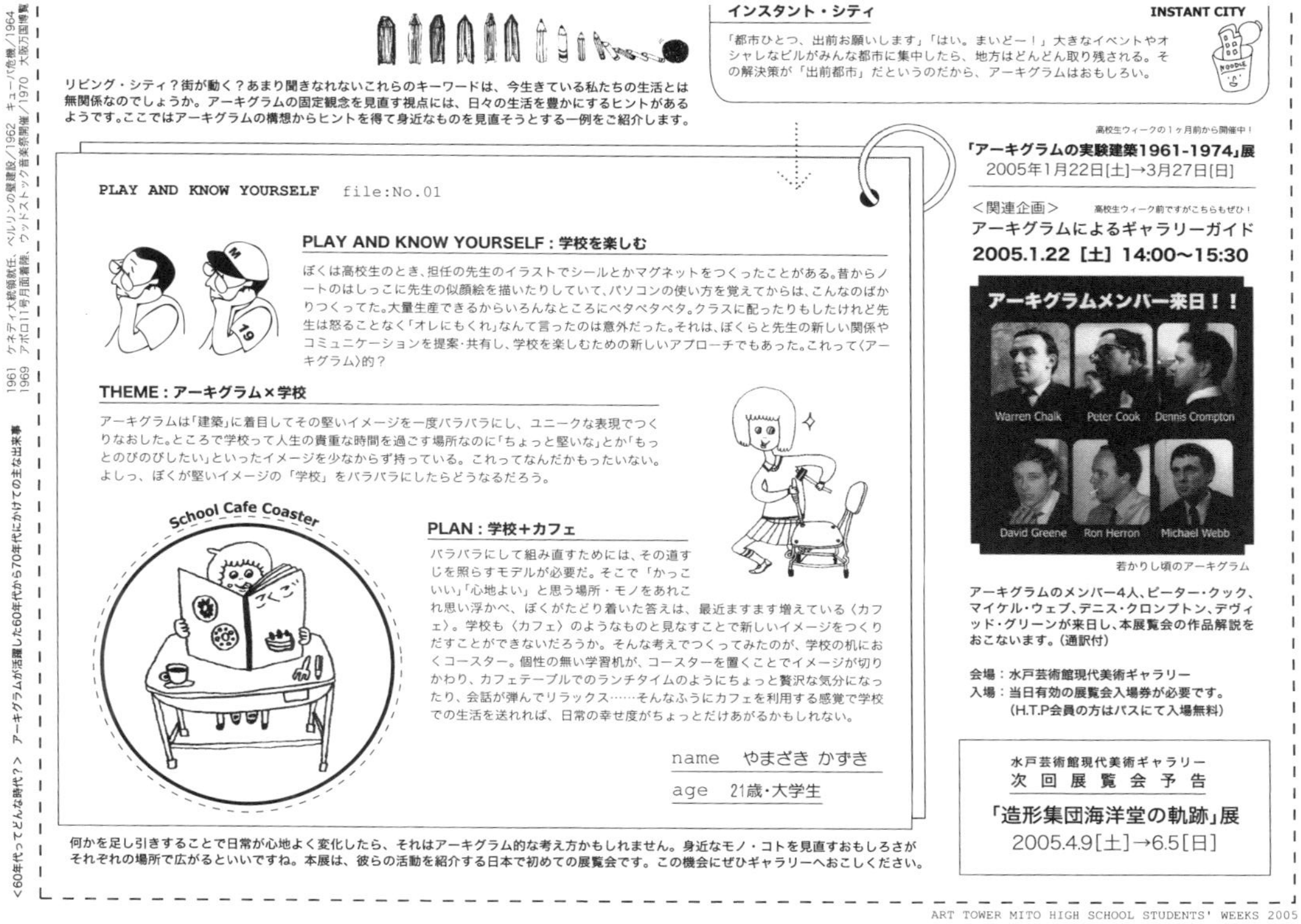
<60年代ってどんな時代？>　アーキグラムが活躍した60年代から70年代にかけての主な出来事

1961　ケネディ大統領就任、ベルリンの壁建設／1962　キューバ危機／1964
1969　アポロ11号月面着陸、ウッドストック音楽祭開催／1970　大阪万国博覧

リビング・シティ？街が動く？あまり聞きなれないこれらのキーワードは、今生きている私たちの生活とは無関係なのでしょうか。アーキグラムの固定観念を見直す視点には、日々の生活を豊かにするヒントがあるようです。ここではアーキグラムの構想からヒントを得て身近なものを見直そうとする一例をご紹介します。

インスタント・シティ　INSTANT CITY

「都市ひとつ、出前お願いします」「はい。まいどー！」大きなイベントやオシャレなビルがみんな都市に集中したら、地方はどんどん取り残される。その解決策が「出前都市」だというのだから、アーキグラムはおもしろい。

PLAY AND KNOW YOURSELF　file:No.01

PLAY AND KNOW YOURSELF：学校を楽しむ

ぼくは高校生のとき、担任の先生のイラストでシールとかマグネットをつくったことがある。昔からノートのはしっこに先生の似顔絵を描いたりしていて、パソコンの使い方を覚えてからは、こんなのばかりつくってた。大量生産できるからいろんなところにペタペタペタ。クラスに配ったりもしたけれど先生は怒ることなく「オレにもくれ」なんて言ったのは意外だった。それは、ぼくらと先生の新しい関係やコミュニケーションを提案・共有し、学校を楽しむための新しいアプローチでもあった。これって〈アーキグラム〉的？

THEME：アーキグラム×学校

アーキグラムは「建築」に着目してその堅いイメージを一度バラバラにし、ユニークな表現でつくりなおした。ところで学校って人生の貴重な時間を過ごす場所なのに「ちょっと堅いな」とか「もっとのびのびしたい」といったイメージを少なからず持っている。これってなんだかもったいない。よしっ、ぼくが堅いイメージの「学校」をバラバラにしたらどうなるだろう。

School Cafe Coaster

PLAN：学校＋カフェ

バラバラにして組み直すためには、その道すじを照らすモデルが必要だ。そこで「かっこいい」「心地よい」と思う場所・モノをあれこれ思い浮かべ、ぼくがたどり着いた答えは、最近ますます増えている〈カフェ〉。学校も〈カフェ〉のようなものと見なすことで新しいイメージをつくりだすことができないだろうか。そんな考えでつくってみたのが、学校の机におくコースター。個性の無い学習机が、コースターを置くことでイメージが切りかわり、カフェテーブルでのランチタイムのようにちょっと贅沢な気分になったり、会話が弾んでリラックス……そんなふうにカフェを利用する感覚で学校での生活を送れれば、日常の幸せ度がちょっとだけあがるかもしれない。

name　やまざき かずき
age　21歳・大学生

何かを足し引きすることで日常が心地よく変化したら、それはアーキグラム的な考え方かもしれません。身近なモノ・コトを見直すおもしろさがそれぞれの場所で広がるといいですね。本展は、彼らの活動を紹介する日本で初めての展覧会です。この機会にぜひギャラリーへおこしください。

高校生ウィークの1ヶ月前から開催中！
「アーキグラムの実験建築1961-1974」展
2005年1月22日[土]→3月27日[日]

<関連企画>　高校生ウィーク前ですがこちらもぜひ！
アーキグラムによるギャラリーガイド
2005.1.22［土］14:00〜15:30

アーキグラムメンバー来日！！
Warren Chalk　Peter Cook　Dennis Crompton
David Greene　Ron Herron　Michael Webb
若かりし頃のアーキグラム

アーキグラムのメンバー4人、ピーター・クック、マイケル・ウェブ、デニス・クロンプトン、デヴィッド・グリーンが来日し、本展覧会の作品解説をおこないます。（通訳付）

会場：水戸芸術館現代美術ギャラリー
入場：当日有効の展覧会入場券が必要です。
（H.T.P会員の方はパスにて入場無料）

水戸芸術館現代美術ギャラリー
次回展覧会予告
「造形集団海洋堂の軌跡」展
2005.4.9[土]→6.5[日]

ART TOWER MITO HIGH SCHOOL STUDENTS' WEEKS 2005

水戸芸術館「高校生ウィーク 2005」チラシ（裏面）

ーム」と呼ばれる一室にパソコンが並べられているだけでした。でも今は、その同じ部屋が「ウィーク」期間限定のカフェに生まれ変わっています。シンクを囲んで設けられた厨房のようなスペースでは高校生を中心としたボランティアスタッフが手作りのエプロンをつけて、来場者にお茶やお菓子をふるまっています（地域の学校やお店の協力で提供しているものも多い）。週末にはトークイベントやワークショップが開かれることもあります。また、自由に裁縫ができるコーナー、芸術分野に限らないさまざまな本が置かれているなど、高校生がそれぞれに芸術館の中に長く滞在できる環境をつくる工夫がなされています。

「高校生ウィーク」のプログラムが展開される場が、コンピュータが並ぶ無機質な部屋から、この「カフェ」という形へと変化していった過程には、僕もかかわっています。もともとは単純にグラフィック作品を作る場だったのですが、芸術館のスタッフも僕たち参加者も、そこで生まれる世代や学校をこえたコミュニケーションの価値に注目するようになりました。僕自身、ちょうど「スクール・カフェ」ということを考えていた時期だったので、そうした話をスタッフ、参加者同士で話しているうちに、じゃあ「カフェ」というコンセプトを加えてみようか、ということになり、少しずつ空間を改造していきました。いずれにせよ年一回、一ヵ月間限定で開設される場ですから、ひとつの期間中には「カーテンを外す」などのマイナーチェンジを繰り返し、そしてその年の「ウィーク」終了後、今度は一年後にどんな空間を作っていくか議論し、実際に形にするわけです。年々数が増え、それぞれの立場も変わっていく参加者たちの声をもとに、空間がつくられていくのです。そうして「年に一回」というスローペースでアイディアを積み上げ、今の「カフェ」という形が仕上がってきたんです。

「学校」の脱構築に向けて

注目しておきたいのは、ここでは「高校生以下の入場料が無料になる」という元来の枠組み、限られた予算、そして水戸芸術館のギャラリー奥の一室を使うという、ある種制度的なルールを担保しつつ、まずは「そこで何を作るのか（目的・内容）」「どんな人たちがかかわっていけるのか（地域・かかわり）」「今までどんな知・関係が生み出されてきたか（歴史）」といったことをそのつど当事者たちが確認しながら、自分たちで場をコーディネートしていっているという点です。以前、樋口さんと僕の連名で『生活教育』という雑誌にこの「高校生ウィーク」に関する実践記事を寄稿したことがあります。以下、引用です。

目に見える「カフェ」という空間の中には、地域や学びにつながるさまざまな要素が詰まっています。ＢＧＭとしてかかっている音楽をとっても、実はかつて「高校生ウィーク」に参加した学生の手によるものであったり、街のレコードショップのオーナーによる選曲であったりします。また、水戸近辺のフリーペーパーや、地域でおもしろい活動をしている方々を積極的に紹介し、学校帰りに気軽に足を運ぶと、思いもかけない街との素敵な出会いを果たすことができるような時間・空間をつくり出しました。

（中略）

これらの企画をつくる上で大切にしたのは、リンク、つなぐ、足下から、低予算でもできること、長続き……といったキーワードです。そのためには、まず来館者にとって魅力的な場づくり・人づくりを目指さなくてはなりません。その際、年間フリーパスのような現存するサービス・事業をうまく活用することが必要です。

その上で、駅やカフェといった既存のシステムを借り、街の要素を美術館に採り入れることで、美術館での過ごし方の可能性を広げ、さらに高校生をはじめとした参加者の意見を場づくりの過程に反映させることを大事にしてきました。（樋口雅子・山崎一希「水戸芸術館「高校生ウィーク」――つながる関係と場」／日本生活教育連盟編・雑誌『生活教育』二〇〇六年六月号）

僕はこの「高校生ウィーク」のあり方に、「学校」の脱構築のひとつの指針を見出しています。先生からいただいた最初の書簡で「イヴァン・イリイチ」という名前が出ましたが、「社会の学校化」を問題視したイリイチが掲げていたのが、人々が学習したい内容を共有できるスペースを構築しそこから学び合いの関係を構築していく「学習ネットワーク」という構想でした。一九七〇年代のイリイチのこの発想は、現在インターネットを使った「e-learning」の世界でよく引用されていますが、しかしイリイチの言う「学習ネットワーク」は、何もインターネットでなくても構築できるわけで、「高校生ウィーク」で起こっていることはまさにそのひとつといえるのではないでしょうか。

「遊び」としての「学び」

前回書いた「『学校』に『遊び』を採り入れるのではなく、『遊び』に『学校』を採り入れる」ということも、ここに結びつくのだと思います。今の「学校」は、「学び」ということから出発していないんです。先に「学校」ありきなんですよ。かつて教育学者の勝田守一《しゅいち》は、学習指導要領や入試制度に規定された知の枠組みを「学校知」「制度知」と名づけましたが、「学校」ありきの「学び」とは、まさにこの「学校知」でしかないと思います。とりわけ今の日本の現状では「入試制度」、つまり「選抜」という問題と大きく結びついてしまう。高校受験という選抜、就職試験という選抜、大学受験という選抜……最終的にそうした「選抜」を乗り越えていくための「学校」という概念をまず想定し、その上で「学び」について考えようとするから、いつまでもおもしろくならないんです。ここまで書いてきたとおり、僕は「学び」と「遊び」は本来対立するものではないと信じています。でも、「選抜」と「遊び」はどうしたって結びつかないと思うんです。したがって常に「選抜」の呪縛を負った「学校」的な「学び」は、「遊び」からひたすら分離していってしまう。そして残念ながら、その後も「学び」のイメージは「学校」をこえることなく、あるいは「勉強」という字面からして辛さを伴う言葉と離れることなく、「遊び」の対極に追いやられるのです。

だから、根本的には「選抜」という文化が変わらない限り、「学校」が大きく変わることは難しいというのが本音です。それでも……いや、だからこそ、ここであらためて「遊び」としての「学び」という発想を出発点に、それを成り立たせる協働作業の場として「学校」をどう構築するか、あるいはその地域にずっと存在し、教師がいて生徒たちがいる「学校」という場を、どう活用していけるか、ということを考えていかなくてはいけません。その意味ではやはり、「学校」そのものが「学び」のメディアなんだと思います。この「学校」＝「メディア」という感覚をもつだけでも、教師にせよ子どもたちにせよ地域の人たちにせよ、「学校」へのかかわり方は変わってくるのではないでしょうか。

「学校」という財産をどう使うか

おそらく、想像し得る近い未来において、日本から「学校」が消える日は来ないでしょう。むしろ、この世界、この国の先人たちが作り上げてきて、幾重にも知が積み上げられた「学校」という財産を、そう簡単に手放してはいけないと思います。「学校」というのは、この日本の社会に生きるほぼ全ての人が「当事者」経験をもつという、きわめて貴重な存在です。しかし、だからこそ「思い出」抜きに語ることができず、「脱構築」が容易ではないんですよね。そういえば、この往復書簡のきっかけをくれたのは「ＵＦＯ」でした。もしも今、「学校」という文化をもたない星の宇宙人がＵＦＯに乗ってきて日本の「学校」を偵察したら、「こんなよい仕組みがあるのに、ここの人たちはずいぶん無駄な使い方をしているな」とあざ笑うかもしれません。そうなれば「学校」を変えるために、「猫の手」ならぬ「宇宙人の手も借りたい」状況ですが、まあそうも言っていられません。「学校」という場では、今日も子どもたち、教師たちが不可逆的な時間を過ごしています。「ゆとり」か「学力」かで揺れるような粗雑な議論は論外ですが、一方で悲観したまま悠長にしていられるわけでもないのです。だからこそ、「学校」について常に語りなおしていくことがせめて大事になってくるんですよね。今回の往復書簡はひとまずこれで区切りですが、先生はもちろん、僕自身も「学校」にかかわる当事者として、これからも一生「学校」を語りなおしていくことでしょう。これからもよろしくお願いします。それでは。

（二〇〇九年六月二〇日）

学校で語りなおす――現場からのメッセージ

海老澤恭子

子どもたちは大人になるまで、いったい何人の「先生」と出会うのでしょうか。翻《ひるがえ》って考えてみるに、人は一生のうちに「先生」と呼べる何人の人と出会い、別れ、再会し、また別れていくのでしょうか。人の縁とは不思議なものですね。この四月から学校現場を離れ、大学院で学ぶ学生の身分になり、伊藤先生の授業を受けたことがきっかけで、かつて出会った生徒と再び巡り合うとは思いもよりませんでした。私自身はあまり褒められない理由で養護教諭になり、二〇年以上の歳月を高等学校の保健室で過ごしてきました。その間、多くの先輩教員、同僚など職場の仲間に、また、多くの生徒や保護者の方々にさまざまなことを教わりながら今にいたっています。

往復書簡で書かれている学校の保健室にいたのは私であって、山崎さんの記憶の中にまったりと語り合った人物として残っていることは、まさに、養護教諭冥利につきることです。青年期の入り口にさしかかる卒業間近の山崎さんのお話に耳を傾けていたこと、山崎さんやその仲間たちが語り合っていて、それは、ブラインドから射す光が髪の毛に反射してきらきらと輝いていた光景だったことを、今でも鮮明に記憶しています。実は、保健室という場は白鳥の水かきの毎日で、忙しくても暇そうに見せるというテクニックを、多くの養護の先生方が駆使しているのです。私も、仕事に追われて昼食をとれないと、甘いものを口にしながらコーヒーを飲んでしのぐのが習慣になっていました。でも、コーヒーの香りを漂わせながら、自分と同じように疲れきっている生徒をしりめに一人飲むのも心苦しいので、一緒にどう？　おそらく、それがいつの間にかコーヒーが飲めるという噂になってしまったのかなと振り返っています。

今回、この広い大学の中で伊藤先生と出会えたことは、本当に幸運なことでした。実は、自分のもっている眼差しのまま残りの教職生活を継続していってよいものかどうか、そんな模索が学びの動機の一つにありました。そして、独自のスタイルを貫かれる心理学者の講義には、ずっと探し続けてきた言葉と理論を発見することができたのです。成果主義の社会にあって、学校においても、「客観的なデータ」に基づいて説明する能力と責任が要求されています。それはそれで大切なことですが、統計化できないものや、数量化することによって得られる結果からこぼれ落ちてしまうものについて考えていたので、伊藤先生の「対話による知」には、大きな感銘を受けました。そして、何よりも、東奔西走、海外を含むフィールドワークの中で、「人の傍らに寄り添っていく」スタンスは、強力なカンフル剤になりました。

書簡の中でも、「学校がもっている枠組み」を是認しながら、では、「体制の中での個人の力」で何ができるかという問いかけがなされています。これが、まさしく教員としてのアイデンティティを問われる部分であり、志をどう持ちなおすかというテーマでもあります。

さて、もうずいぶん以前の私の卒業論文は、「高校保健教育内容の選定と構造化に関する研究」というもので、保健の教育内容を六領域で構成し、課程試案を作る内容でした。指導教官の小倉学先生は時間に厳格で、まるでカントのようだと称された高潔な学者でした。私はいつも緊張してしまい、先生の問いかけに素っ頓狂な返答しかできなかったことが恥ずかしく思い出されます。でも、謦咳《けいがい》に接しご指導いただいた喜びが、これまでの支えになっているように思います。

子どもの健康問題は、個人や社会的関心事としてとらえるにとどまらず、地球的規模での人類の課題ととらえなおすこと。学校における保健教育に対する社会的要求として受け止められなければならないこと。また、文明批判の書を多く残した細菌学者R・デュボスの「専門家の決定を盲目に受けいれる社会は死にいたる病める社会である。……科学政策についての判断力をそなえた別の学者と市民の集団をつくるべき時期が到来しているのである」を引用し、「保健教育は児童・生徒がこのような批判的思考能力をもった賢い市民となり、……その基礎を培わなければならないことになる。」という教育理念を叩き込まれました。今でも古くて新しい言葉なので長々と引用してしまいました。

また、学校のカリキュラムの中で、「死への準備教育」をどのように実現していくのかという研究も並行してなされていて、一斉授業の形態で「学校の中にはあってはならない死」を教材化していくのは、なかなかストレスフルな作業ですがユニークな発想でもありました。残念ながら、教材化の作業は完成型をみないまま絶筆となってしまいましたが、抗がん剤を服用されながらのご指導は、何にも替えがたく尊いものでした。先生ご自身が消化器をご専門とする医者でしたから、私たちは生と死をどうとらえたらよいのかわからないまま先生に向き合い、「君が泣いてどうする」と諭され、先生は死に向き合いながら学生との対話を大切にされておられたのです。

私の心の世界に生き続けている先生自慢をしてみたくなったのは、お二人が語るユニークな先生の思い出に触発されたからに他なりません。そして、もう一つ大切な自覚があります。それは、自分の考えや意見として思っているもの、発言したりするものは、自分自身だけでもつに至ったのではなく、頼れると感じた先生やかつて自分もそうなりたいと思った人のものであって、今は私のものと感じるほど自分に同化したものなのだということです。この言葉も、現在ご指導いただいている精神分析家の皆川邦直先生から繰り返し教えられていることです。言い換えると、親しい信頼のできる人々のおかげで、自分を保っていることができるのだと思います。家族、仕事上の仲間や友人、恩師など多くの人たちによって、過去から現在、将来へつらなる自分という感覚があります。人には人が必要なのだというごく当たり前のことなのですが……。

ですから、これからも、学校の枠組みの中で私にできることとしたら、ささやかではありますが、生徒や同僚らと保健室で語り合いながら、日常を豊かにつないでいくことだと思うのです。今の若者は本当に大変です。なぜなら、私や私の親の世代が何とはなしに大人になっていた時代と違い、大人になるハードルが格段に高くなっていると感じるからです。小学生時代はよい自己主張ができて、中学生では議論したり妥協したりすることができること、高校生になったら自分自身の人生目標が持てること、大学に進学した学生には、より高い専門性を有することが求められています。そして、社会人となれば即戦力として、組織の中でどこでも誰とでも協力しながら生きていけることが一人前の条件です。こんな世の中で、自分の希望を叶えるために努力する青年に育てるために、教員は多くの情報を子どもたちに与えるようになりました。ですから、学校の中でも専門分業化になってきています。その最たるものが心のことはスクールカウンセラーというように……。でも、子どもが育っていく日常的な営みや、体の発育や心の成長をつぶさに見つめ、「学校で語りなおす」ことができるのは、保健室にいる養護教諭の特権なのです。そう簡単には猿山のボスの座を譲るわけにはいきません。

学校現場は閉塞感に満ち溢れているかのように思われがちですが、今の世の中ほど豊かで自由に教育について語れる時代はなかったように思います。私の今まで出会ってきた先生との思い出を意識にのぼらせながら、「学校を語りなおす」共同作業にこのような形で加わる機会を与えていただき、本当に感謝しています。私にとって働く意味を見直す契機になりました。でも、それは決して「生徒のために」「生徒を大切に」とか「教師としてのあるべき姿」というようなお題目ではありません。気張ることなく、子どもたちが育つための場を提供し、先生や先輩に教えを請い、子どもの気持ちに触れつつ、仲間同士の議論や助け合いをしつつが大切であり、そうすることによって、教員自身にも精神の成熟の機会が与えられることを忘れてはならないと思うのです。

そして、自分が何をしているかを知ること、生徒と接していると自分でも見たくないような、弱い自分、無力な自分、ずるい自分、誇大的な自分、卑屈な自分、そんないろいろな自分がでてきます。

こんな病的な自分もやはり自分の一部と受け入れたり、そうありたくないとの一心から自分に鞭打ち、はったりをきかせ、やせ我慢をすることもあります。生きることとは、このようなプロセスを踏むことなしにはないということを生徒たちが教えてくれているのです。

最後になりましたが、編集者の田中由美子さんには、格段のご配慮をいただきました。そして、山崎さんとの糸を再び引き寄せてくださった〝心理学〟がお嫌いな心理学者の伊藤先生も……。お互い異職種ではありますが、それぞれの職業文化の中で稀有な存在かと想像をたくましくしていました。伊藤先生には初めてお会いしたときから、自分の感性と一緒の方かもしれないと、いつもドキドキしておりました。私たち三人は同世代ですから、これからも「心の欲するところに従って矩《のり》を踰《こ》えず」に、それぞれの文化の中で生き延び、ダーウィンがガラパゴス諸島から持ち帰ったといわれ、つい最近まで命を長らえていたメスのゾウガメ、ハリエットのように（伊藤先生はハリーですね）大好物のハイビスカスの花を食べながら、語り合いを続けられたらと思っております。そして、山崎さん、これから、あなたが伴侶とともに子どもを残すという人生の選択をした場合には、今度はご自身の文化や誇りを次世代にどのように伝承していくのか、また新たな視点での語りなおしを期待しております。

えびさわ・きょうこ　一九六三年生まれ。茨城大学教育学部を卒業後、茨城県内の高校で養護教諭として勤務する。現在、茨城大学大学院に在籍中。

往復書簡を終えて

山崎一希

伊藤先生はずいぶん大胆な人だと思う。「出版不況」といわれるこのご時勢に、ローカルラジオ局の一ディレクターでしかない二〇代の青年に「学校」についての共著の執筆をもちかけるのだから。僕は、国の教育再生会議にせよ中央教育審議会にせよ、教育学の研究者がほとんどメンバーに入っていないことに大きな疑問をもっており、教育学者抜きに「教育」や「学校」を語ることには慎重な立場だ。もしも書店で「学校を語りなおす」という内容の本を見つけたとしたら、とりあえず手には取ってみるものの、著者の肩書きが「社会心理学者」と「ラジオ局ディレクター」だと知った途端、レジには行かず元の書棚に戻すに違いない。それなのにこんな本を作るというのだから、伊藤先生にせよ、あるいはGOサインを出した新曜社の田中さんにせよ、よく言えば挑戦的、悪く言えば向こう見ず……いやはや、まったく頭が上がらない（笑）。

でも、実はここに「学校を語る」という営みの現実があるのだと思う。マスコミは公立学校や教師叩きに快感を覚え、愛国心の大切さを叫ぶ政治家は教育基本法や学校教育法を変えてみせ、国際競争力の強化を目指す大資本家は学校を市場に開放しようとし、歴史を通して研究を積み重ねてきた教育学の知は教育行政や現場から離れた場所で理論を先鋭化させ、親は自分たちの子の「学力」が下がっていることを懸念し、教師は日々の業務に忙殺され、子どもたちは「学校」から逃走しようとする。みんなが「学校」をどうにかよくしたいと考え、「学校」を語るのに、それぞれの思惑は相容れず、いろんなことを言う割に結局数値的な「学力」が出てくれば一斉にそっちへなびく……「学校を語る」現場はもはや収拾がつかない状況だ。

そう考えると、「学校」について語る前に、「学校を語る」という営み自体を議論することにはそれなりの意味がある。「学校」について、どんな人たちがどんな思惑で語っているのか、その情報整理をするためのリテラシーがないと、僕たちはあまりにも混沌とした「学校」言説の中で溺れてしまうような気がする（だからこそ数値的な「学力」という藁を簡単につかんでしまう）。したがってまずは「語る」ことに注目し、さらに「語りなおす」という連続性・批評性を意識することで、戦略的な実践としての「語る」術をも得ていく。それこそが、この本が出版されることの一番の意義なのではないだろうか。

さて、「学校を語りなおす」にあたって先生から提案されたのが「往復書簡」という形である。僕は本を書くのがはじめてだったので、そのほうが気楽で、ありがたい提案だと思った。ところが始めてみると、「往復書簡」ならではの発見がたくさんあった。

書簡は以下のような流れで綴られていった。一通分の書簡を書いたら、まず伊藤先生と編集者の田中さんに送る。そうすると田中さんが「ここがわかりにくいですね。別な表現はありませんか？」という指摘をしてくれる。そこでちょっと書き直そうと思っているところに、今度は伊藤先生が「なるほど。でも、その点は私が次の書簡で指摘をするから、そのまま進めましょう」と言ってくれて、僕も書き直すのをやめる。一五通の書簡を書く中でそういう場面がいくつかあった。したがって書簡中の「わかりにくい」部分は「わかりにくい」ままになっており、お読みいただいた方には多々ご迷惑をおかけしたと思う。しかし、一方でそれらの部分を批判され、僕自身が（あるいは伊藤先生も）認識や言葉の使い方を改め、新たな学びを得る過程を生々しく伝えることも可能になっている。

このように軌跡を残しながら「学び」が展開されていくところに往復書簡のおもしろさがあるのだが、ここで僕が注目したいのは、編集者である田中さんの存在だ。「往復書簡」という営み自体は、当事者である伊藤先生と僕がいれば基本的に成立してしまう。じゃあ田中さんの役割はというと、〈仕上がりを根気強く待ってくれて（僕の筆が遅くてご迷惑をかけっぱなし……）、書簡の展開を誰よりも楽しみにしてくれていたこと〉、〈わからない点は素直に「わからない」と言ってくれたこと〉、そして〈最後に全ての書簡に見出しをつけてくれたこと〉だ（もちろん他にもたくさんある）。この三つの役割を、書簡を書いている僕の側から同じ順番で言い換えれば、〈書簡を続けるモチベーションを与えてくれたこと〉、〈不十分な点に気づかせてくれたこと〉、そして〈僕らが何を語り、学んできたかをあらためて教えてくれたこと〉という感じだろうか。一五通ずつの往復書簡を終えて、僕はそんな役割をもった「編集者」の大切さを強く痛感した。

今回のような往復書簡は、「学習」のひとつのあり方を提示してくれる。学習者同士がその軌跡を残しながら学び合う実践。こうした実践は学校の中でもいくつか見られるようになった。しかし問題は、その際に教師が「編集者」の役割を果たせているか否か、という点ではないか。〈学習の展開を誰よりも楽しみにする〉〈学習者の表現の不十分な点を指摘する〉〈学習の軌跡を整理し、まとめる〉――「学習」という営みにおけるこの役割については、もっと探求されるべきだと思う。そのひとつの実践例としてもぜひこの本を参考にしてほしいし、何より僕自身にとって実りのある体験となった。

最後に、厳しい状況下でも子どもたちと本気で向き合い、日々懸命に働いている学校教師のみなさんに心から敬意を示したい。僕自身は教職免許をとるべく勉強し、「学校」を取り巻く状況に問題意識をもち、そして教育実習までしたあげく、結局は「自分は学校で働けない」と諦めてしまった。それだけに教師のみなさんには頭が上がらないし、学校の外からできることについては力を惜しまずに取り組み続けたい。こうした本が現場のさらなるプレッシャーになるのではなく、外野の自分でも微力ながら現場に協力できるような環境づくりに寄与できれば本当に幸いである。

さて、一年間の書簡のやりとりがひとまず終わった。僕は相変わらず番組の台本を書き、アナウンサーにキューを出す日々を送っている。人々の「知」が表現され、共有され、批評され、世界を少しずつでも変えていくことに社会の意味を感じている（であろう）伊藤先生に触発されながら、僕もそうした場を日々の仕事の中で具体的に作っていきたいと思う。そして同時に、ラジオ番組ディレクターとして、田中さんのような優しい「編集者」でもいたいとも思う。僕ももっと大胆になることにしよう。「学校」にとどまらない、「〇〇を語りなおす」営みはこれからも続く……

あとがき——往復書簡という不思議な装置

山崎さんは「何か」を持っている人だと思う。山崎さんとの出会いは、最初の書簡に書いたとおりだが、当初から受けたその直感は、けっして間違ってはいなかった。編集者の田中由美子さんに、本書の企画について最初に相談をもちかけたときに、「山崎一希さんは、これからきっとおもしろい書き手になる人だから」と話し説得（?）したのを記憶している。そんな山崎さんが最初に出版する本でご一緒できるなら、私にとってもそれは喜ばしいことだと思った。往復書簡でというアイディアも私が投げかけたものだが、その目論見は、まず順調にいったと言ってよいだろう。それぞれ一五便ずつの書簡を書き終えて、これらを読み返し、今しみじみそう感じている。

原稿を書くことが、ときにそれ自体苦痛になることがある。何冊か本を書いてきた私にとっても、むしろそう感じてしまう場面のほうが多い。レポート課題にちょっとしぶしぶ取り組む学生と、たいして変わりないのかもしれない。しかしこの往復書簡は、ほぼ毎度、何を差しおいても「書きたい」という気にさせられた。

ひとつ書簡を書き終えると山崎さんと田中さんの両方にメールで送る。すると山崎さんの反応よりも前に、まず田中さんが反応を返してくれることが多かった。メールを開くまではちょっとドキドキで、でもたいてい過分な褒め言葉を書いてくれたので、それがさらに次に書くことへの動機づけになった。

もちろん、山崎さんからの返信も毎度楽しみで、これまた他の仕事を少し後回しにしても、できるだけすぐに読みたいと思った。そして、フムフムこう返してきたかと読みながら思い、次の自分の書簡の内容を考えた。

私は、「学校」を専門としている研究者ではない。「学校」についてなにがしかのことを書けと言われれば、この本に書いたことのある部分は書けたかもしれない。しかし、「学校」について一冊の本にするほどのまとまったアイディアがあったわけではない。往復書簡という対話の方法は、次々とアイディアが紡ぎだされてくる不思議な装置である。

往復書簡は、毎度どこに話が進んでいくかはわからない。終盤に差しかかり、そろそろ終わりということを意識して書いたということはあったものの、書く内容をあらかじめ互いに示しあうというようなことは一度もなかった。にもかかわらず、通して読んでみるとそれなりに流れがあるように見えるのは、緩やかに優しく軌道修正をときおり示唆し、最後には見事に見出しをつけてくれた田中さんがいたからである。山崎さんがすでに触れているが、本の中では直接は現れてきていない第三の対話者がいたということを、私も明記しておきたい。

往復書簡で原稿を書いていくという実践は、私にとってはこれが初めてではない。最初のそれは、京都大学防災研究所教授の社会心理学者・矢守克也さんとのもので、「『インターローカリティ』をめぐる往復書簡」と題したそれは、『質的心理学研究』第8号（二〇〇九年、新曜社）に掲載されている。往復書簡で書くという試みは、もちろん矢守さんと私のオリジナルではないが、明確に研究論文とすることを目的としてその方法を意識的に採ったのは、ほとんど前例がないだろう。

そのとき私は、ベトナムのフエや日本の各地を巡りながら、オーストリアのウィーンに長期滞在していた矢守さんとメールでやりとりした。結果として、本書でも触れた「インターローカルに生きる」というアイディアが、その中から生まれてきた。学術雑誌に投稿するということから受ける分量の制約のために、矢守さんとの往復書簡は長いものにはできなかったが、いずれその続きを書きたいと矢守さんとは話している。そのときにはもしかすると田中さんに、また第三の対話者として参加してもらえるかもしれない。

本書の特徴のひとつは間違いなく往復書簡であるということであるが、もうひとつは――それと不可分なのだが――、「〇〇を語りなおす」という点にある。「語りなおす」ということは、枠組みをぶち壊してしまおうという志向性とは明らかに異なる。既存のどうしようもなく存在する枠組みを、むしろそれはそれで活かしながら、その中身を少し考えなおしてみよう、捉えなおしてみよう、組み換えなおしてみようということである。

それはまさに、「学び、遊び、逸れていく」というもともとの山崎さんのアイディアに起因している。そして「〇〇を語りなおす」の「〇〇」には、さまざまな言葉が入りうるし、そこにいろいろな言葉を入れて考えてみたいと、私自身思うのである。そしてこれが、案外さまざまな場面で使うことができる、強力な方法論になりうるのではないかと、そんなふうにすら感じる。今回は「学校」であったが、次はそこに何を入れて誰と「語りなおす」ことになるのか、私自身この本をきっかけに、そんな将来にわたる楽しみと夢を得ることができた。

さて、肝心の本書の中身については、学校の現役の先生方、学生や生徒の皆さん、それに保護者の皆さんなどに、はたしてどう読まれるのか。必ずしもすべてに共感してもらえるとは思っていないが、ご自身で書簡を書くならどう書くのだろうということを念頭に、ときに批評的に読んでいただければと思う。すぐに何らかの実践につなげるということは、現実には難しいのかもしれない。しかし、変えようと思わねば、何事も変わらないのだから、現実に埋没することなく、語りなおしの輪が拡がっていくことを願っている。

すでにこの往復書簡から、思いがけない「副産物」が生まれている。山崎さんの恩師である海老澤恭子さんが、全書簡に目を通して、素敵な一文を寄せてくれたことである。今年度（二〇〇九年度）になって私の大学院授業の中で海老澤さんと出会い、山崎さんの母校である茨城県立水戸第一高等学校のお勤めだと聞いたときには、往復書簡はもう終盤に差しかかっていた。そして、高校時代の山崎さんが「まったりと話をしてい」た「養護教諭」が海老澤さん自身だと知ったときの驚き。「自分の感性と一緒の方かもしれない」と思っていただけたことの、ちょっとくすぐったいようなうれしさ。また一人「志を同じくする仲間」を得たという思いを強くした。

ところで、本書で触れた「学校」の問題は限定的で、実際にはもっと多岐にわたるものなのだろう。本書では、たとえば養護学校のことだとか、夜間中学のことだとか、定時制高校のことだとか、フリースクールのことだとか、そうした「学校」には触れることができなかった。関心がないということではけっしてない。個人としての力量から、十分そこまで力が及ばなかったということである。一〇年以上前に幾度か夜間中学の現場を見にいったことがあるのだが、現在はどうなっているのだろうか。あらためて知る努力をすべきだと書きながら思った。

書簡の中で幾度か触れた小学校時代のOK先生は、奥村隆司先生である。卒業後ほとんどお会いする機会のないまま三〇年以上がたってしまったが、今でも現役の先生とは、年賀状の交換だけは続けている。このような本を書くに至った根っこには、奥村先生の存在があることを明記しておきたい。教育の効果とは、時にかくも長く続くものである。

なお、チャイム代わりに「エリーゼのために」が流れる高校のことを書簡の中で書いたが（第6便）、これは千葉県柏市にある東葛飾高等学校のことである。この「あとがき」を書いている本日（二〇〇九年七月一四日）午前中、同校の全一年生三〇〇人以上の前で、「本当に面白いことは常識をずらしてみたところにある――『学問をすること』の意義」というテーマで講演させていただいた。有志の保護者と先生方も含め四〇〇人近くの人が傾聴してくれたその講演で、私は与えられた役割を果たすべく、自分なりに「伊藤劇場の一人芝居」をめいっぱい演じてきた。反応も上々で手応えもあり、最後に万雷の拍手までいただき、おまけに会場の出口で二人の男子生徒が続けざまに「おもしろかったです。ちっとも寝なかったですよ！」と話してくれた。

東京都議選での地殻変動、「脳死は人の死」とする臓器移植法改正案の駆け込み賛成・成立、そしてさらに山が動くかもしれない衆議院解散・総選挙へと日本社会の変化が続く中、こんな柔軟でしなやかな若者たちがいるなら、日本社会もまだ捨てたものではないなとも思う。今年で四五歳になった私は、高校生たちの三倍近い人生の時間を過ごしてきているが、でも私自身もなおこれからだと思っている。やるべき自分の仕事が、まだいくつもあるはずだから。

私の中学校二年生の娘と小学校三年生の息子が、そしてすべての子どもたちが、「学校」でよりよい時間を過ごせるよう願いながら、とりあえず今回の語りなおしの締めくくりとしたい。

ビートルズが流れている柏駅構内のカフェにて　伊藤哲司

「学校を語りなおす」ためのブックガイド

■書簡のなかに登場した本（登場順）

イヴァン・イリイチ『脱学校の社会』（イヴァン・イリッチ著、東洋・小澤周三 訳、東京創元社、一九七七）
佐貫浩『学校と人間形成——学力・カリキュラム・市民形成』（法政大学出版会、二〇〇五）
伊藤哲司『心理学者が考えた「心のノート」逆活用法』（高文研、二〇〇四）
林直哉『高校生のためのメディア・リテラシー』（ちくまプリマー新書、二〇〇七）
小熊英二・上野陽子『〈癒し〉のナショナリズム——草の根保守運動の実証研究』（慶應義塾大学出版会、二〇〇三）
鈴木聡『世代サイクルと学校文化——大人と子どもの出会いのために』（日本エディタースクール出版部、二〇〇二）
五味太郎『大人問題——おとなは・が・のもんだい』（講談社、一九九六／講談社文庫、二〇〇一）

浜田寿美男「そもそも心理学って何だ?」『おそい・はやい・ひくい・たかい』No.16(ジャパンマシニスト社、二〇〇二)
森絵都『永遠の出口』(集英社、二〇〇三/集英社文庫、二〇〇六)
金森俊朗『希望の教室——金森学級からのメッセージ』(角川書店、二〇〇五)
岩川直樹・船橋一男 編著『「心のノート」の方へは行かない』(寺子屋新書、二〇〇四)
松田恵示『交叉する身体と遊び——あいまいさの文化社会学』(世界思想社、二〇〇一)
伊藤哲司『改訂版・常識を疑ってみる心理学——「世界」を変える知の冒険』(北樹出版、二〇〇五)

■伊藤哲司によるブックガイド(著者五〇音順)

安克昌『心の傷を癒すということ』(作品社、一九九六/角川ソフィア文庫、二〇〇一)
阪神淡路大震災で自ら被災し、神戸で奔走した精神科医の著者が、安易な「心のケア」の流布に警鐘を鳴らしつつ、心の傷を癒すことの本質について論じたのが本書。二〇〇〇年に三九歳の若さでがんのため急逝した著者の唯一の単著である。

小沢牧子『「心の専門家」はいらない』(洋泉社・新書y、二〇〇二)
もともとは臨床心理学を専攻しカウンセラーの経験もある著者が、その中で感じた違和感をもとに、カウンセリングそのものへの疑問を投げかける。「心のケア」「心の教育」に対する異議申し立ては傾聴に値し、その種の仕事にかかわる人が応えるべき内容を含んでいる。

浜田寿美男・小沢牧子・佐々木賢 編著『学校という場で人はどう生きているのか』（北大路書房、二〇〇三）

学校という場をめぐる建設的な批判について、近年の心理主義などに違和感を抱く何人もの筆者が論じている。「学校という場」の捉えなおしとも言える本書は、結果的に「学校を語りなおす」ことにつながっている。

松崎運之助『学校』（晩聲社、一九八一／幻冬舎文庫、二〇〇八）

年輩者や外国籍の人も学ぶ夜間中学は、日本の学校教育の中で見過ごされがちな位置に置かれながら、ずっと大事な部分を担い続けてきた学校である。著者は、夜間中学の教師。山田洋次監督の映画『学校』の一作目は、この本が原作となっている。

山田太一『親ができるのは「ほんの少しばかり」のこと』（ＰＨＰ研究所、一九九五・二〇〇八／新潮文庫、一九九九）

話題を呼んだ数々のテレビドラマの脚本を書いてきた著者が、自らの体験をベースに、親と子育てについて縦横に語ったエッセイ。子どものために何かをせねばとやっきになる親たちに、警鐘を鳴らしている。

■山崎一希によるブックガイド（著者五〇音順）

網野善彦『無縁・公界《くがい》・楽——日本中世の自由と平和』（平凡社ライブラリー、一九九六〈増補〉）

貴族や武士、政治家の歴史ではない、農耕民族の歴史を紡ぎ出す歴史学者・網野氏の代表作。日本の歴史における「アジール」（権力の及ばない空間）の存在を丁寧に掘り起こしている。この本をヒントに学校の中の「アジール」にも注目したい。

上野俊哉、毛利嘉孝『カルチュラル・スタディーズ入門』（ちくま新書、二〇〇〇）

上野俊哉、毛利嘉孝『実践カルチュラル・スタディーズ』（ちくま新書、二〇〇二）

「学び知ったことを使いながら、学ぶことのかたちを問いなおし、それが持ちかねない権力性を抜き取っていくような『学び逸れる』とでも呼べる研究のスタイル」（『〜入門』）がカルチュラル・スタディーズ。僕が影響を受けたのは一目瞭然!?

恩田陸『六番目の小夜子』（新潮文庫、一九九二・二〇〇一／新潮社、一九九八）

水戸一高出身のミステリー作家・恩田氏のデビュー作。この小説も水戸一高の学園祭がモチーフになっている。学校における文化の伝統がどう作られ、どう受け継がれていくか、その重大なヒントがこの本には隠されている気がする。

唐沢俊一『新・UFO入門——日本人は、なぜUFOを見なくなったのか』（幻冬舎、二〇〇七）

僕が伊藤先生に出会ったきっかけは「ＵＦＯ」。そしてそのきっかけを作ったのが実はこの本。ＵＦＯ目撃史をたどりながら、「なぜ人はＵＦＯに熱中したのか」について考えさせられる、社会心理学の入門書でもある……と僕は勝手に思っている。

苅谷剛彦『教育改革の幻想』（ちくま新書、二〇〇二）

緻密な研究により「格差は再生産される」ということを指摘し続ける教育社会学者・苅谷氏が、二〇〇二年の「ゆとり教育」改革について批判的に分析。「ゆとり」に共感する人ほど読むとおもしろいのでは。

川俣正、ニコラス・ペーリー、熊倉敬聡 編『セルフ・エデュケーション時代』（フィルムアート社、二〇〇一）

川俣氏は、僕が最も影響をうけた美術作家のひとり。「フィールドで起きる〈出来事〉を経験し、自分なりのセンスやアンテナの張り方を見つけ、共同の在り方を知り、からだごとセルフ・エデュケーションをする」その思考と実践が書かれた刺激的な一冊。

淡交社美術企画部 編『私も美術館でボランティア』（淡交社、一九九九）

全国の美術館ボランティアの実践例がまとめられた一冊。美術館でのボランティアには社会教育の豊かな実践アイディアが詰まっているので、工夫によって汎用も可能なのでは？　水戸芸術館の実践も掲載されている。

松井みどり『アート――〝芸術〟が終わった後の〝アート〟』（朝日出版社、二〇〇二）

現代美術の「現在進行形」を繊細に捉えたアートの教科書。アートを通して「表現」の可能性を探ることができる。「入門書」というには難しいが、読み応えがあって僕にとっては目から鱗の一冊だった。

宮本常一『民俗学の旅』（講談社学術文庫、一九九三）

『忘れられた日本人』で知られる民俗学者・宮本氏の自伝的エッセイ。自らの足でフィールドを歩き、それぞれの地の民俗文化に実際にかかわっていく彼の実践には学ぶものが多い。「学校」という場も「民俗学」の研究対象として考えるとおもしろい。

ジーン・レイヴ、エティエンヌ・ウェンガー、佐伯胖訳『状況に埋め込まれた学習――正統的周辺参加』（産業図書、一九九三）

多様なフィールドにおける徒弟関係を観察し、そこで起こっている「学び」を理論化。教育者と学習者が向き合うのではなく、同じ方向を向いて知や技を習得する学習の在り方を提案してくれる。読めば学習観が確実に変わる。

伊藤哲司
Ito Tetsuji

1964年生まれ。愛知県名古屋市出身。

名古屋市立の西味鋺小学校（旧・味鋺小学校分校）と本地が丘小学校（旧・大森小学校分校）の児童だったころは，3年生の夏休みを除いていつも真っ黒に日焼けした子どもだった。名古屋市守山区にある大森中学校で過ごした3年間は，「非行」の先輩たちにちょっと怯えつつもバスケット部で汗を流し，室長（クラス長）を6期のうち4期務めた。愛知県立千種高等学校では，「勉強」が滅茶苦茶できる同級生に驚愕し，ラグビーにのめり込みつつも，一時期はスランプの時間を過ごした。

山崎さんが生まれた1983年，名古屋大学文学部に入学。心理学に出会い，そのまま名古屋大学大学院に進学。世界を一人旅しながら，フィールドワークを中心とする今のスタイルが徐々にできあがっていった。1993年，縁あって茨城大学人文学部の社会心理学担当の講師として赴任。茨城県水戸市での生活が始まる。1996年に同助教授。2006年に同教授へ。1998年から翌年にかけてのベトナム・ハノイでの在外研究で，多くのかけがえのない人に出会い現在に至る。

著書は『ハノイの路地のエスノグラフィー』（ナカニシヤ出版），『改訂版・常識を疑ってみる心理学』（北樹出版），『非暴力で世界に関わる方法』（北大路書房），共編著に『サステイナビリティ学をつくる』（新曜社）など。趣味は，不耕起の田畑にかかわること。旅をして写真を撮ること。お酒は好きだが，タバコは吸わないがモットー。

山崎一希
Yamazaki Kazuki

1983年生まれ。茨城県大宮町（現・常陸大宮市）出身。

大宮町立上野小学校の児童だったころはどちらかといえばいじめられっ子。あまりよい思い出は甦ってこない。そんな状況をリセットすべく中学受験に挑戦。茨城大学教育学部附属中学校に入学。中学時代はパソコン部，そして茨城県立水戸第一高等学校時代は放送委員会に所属し，友人たちとオリジナルのゲームや学校放送の番組を制作。デザインやメディアの世界に興味をもつようになる。

高校3年生のときに地元の水戸芸術館現代美術センターの教育普及プログラム「高校生ウィーク」に参加し，活動のフィールドを「学校」から「まち」へと広げ，さまざまなボランティア活動にも参加。

2002年慶應義塾大学環境情報学部に入学。メディア論，社会学を専門的に学ぶとともに，教職課程の講義を通して教育学の魅力に惹かれる。卒業論文のテーマは「支配的学校観と子どもたちの学校経験――『学校観の脱構築』をめざして」。大学在学中は教師たちの実践研究会などにも参加。ユニークな教師や実践に触れ，感銘を受ける。

2006年から茨城放送勤務。現在は番組ディレクターとして『恭ノ介のココで語れば』（土曜12時～18時放送）などを担当している。趣味はおしゃべり，読書，落語鑑賞。

新曜社

往復書簡・学校を語りなおす
「学び、遊び、逸れていく」ために

初版第1刷発行 2009年9月19日©

著　者　伊藤哲司・山崎一希

発行者　塩浦　暲

発行所　株式会社　新曜社
101-0051　東京都千代田区神田神保町2-10
電話（03）3264-4973（代）・FAX（03）3239-2958
e-mail：info@shin-yo-sha.co.jp
URL：http://www.shin-yo-sha.co.jp/

印　刷　長野印刷商工
製　本　イマキ製本所

Printed in Japan

ISBN978-4-7885-1177-4　C1037